Die Deutsche Bibliothek – CIP-Einheitsaufnahme

Greff, Andreas:
Autos/Andreas Greff.
Ill. von Raphael Volery.
1. Aufl. – Bindlach: Loewe, 1994
(Frag mich was; Bd. 18)
ISBN 3-7855-2676-8

FRAG MICH WAS – Band 18

ISBN 3-7855-2676-8 – 1. Auflage 1994
© 1994 by Loewes Verlag, Bindlach
Umschlagillustration: Andreas Piel
Umschlagtypographie: Karin Roder
Satz: Voro, Rödental

FRAG MICH WAS

Autos

Von Andreas Greff

Illustriert von Raphael Volery

Loewe

Inhalt

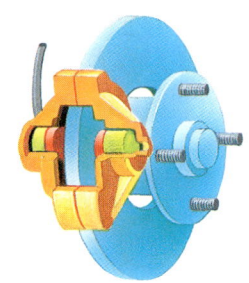
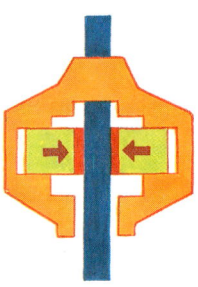

Autos werden auf der ganzen Welt gebaut

Sicherheit beim Autofahren

Das Auto und die Umwelt

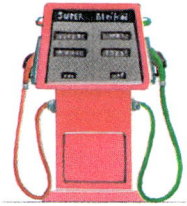
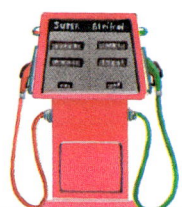

Die Zukunft des Autos

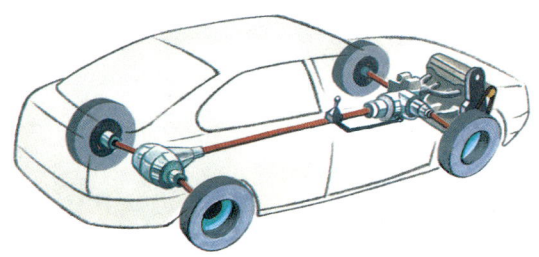

Wie das Auto erfunden wurde

Seit wann träumen die Menschen vom Auto?

Die Menschen waren schon zu Urzeiten beweglich und zogen von einem Ort zum anderen. Der *Neandertaler* mußte dabei seine Beute mühsam zur heimischen Höhle tragen – wie gerne hätte er das schwere Mammut, das er auf der Jagd erbeutet hatte, auf einen Karren gelegt und zu seiner Behausung gezogen. Erst tausend Jahre später gab es dann die ersten Lastenrollen, mit denen schwere Steine und andere Gegenstände leichter bewegt werden konnten. Allein die Kraft mußte noch immer vom Menschen selbst oder von Tieren aufgebracht werden.

Dabei war schon dem griechischen Wissenschaftler *Heron von Alexandria* (150–100 v. Chr.) die Kraft des Dampfes bekannt gewesen. Er nutzte die Dampfkraft zur Öffnung von Tempeltüren und zu anderen Spielereien. Das Ziehen von Lasten und Personen war bis in das späte Mittelalter hinein den Pferden und Ochsen vorbehalten. Schon lange bestand der Wunsch der Menschen nach einem selbst-beweglichen (auto-mobilen) Gefährt. Für solche Arbeiten, die an einem festen Ort durchgeführt werden konnten, nutzte man schon früh die Wasserkraft. Aber man konnte damit keine schweren Fuhrwerke oder große Karren bewegen.

Ein Ochsenkarren um 1000 v. Chr.

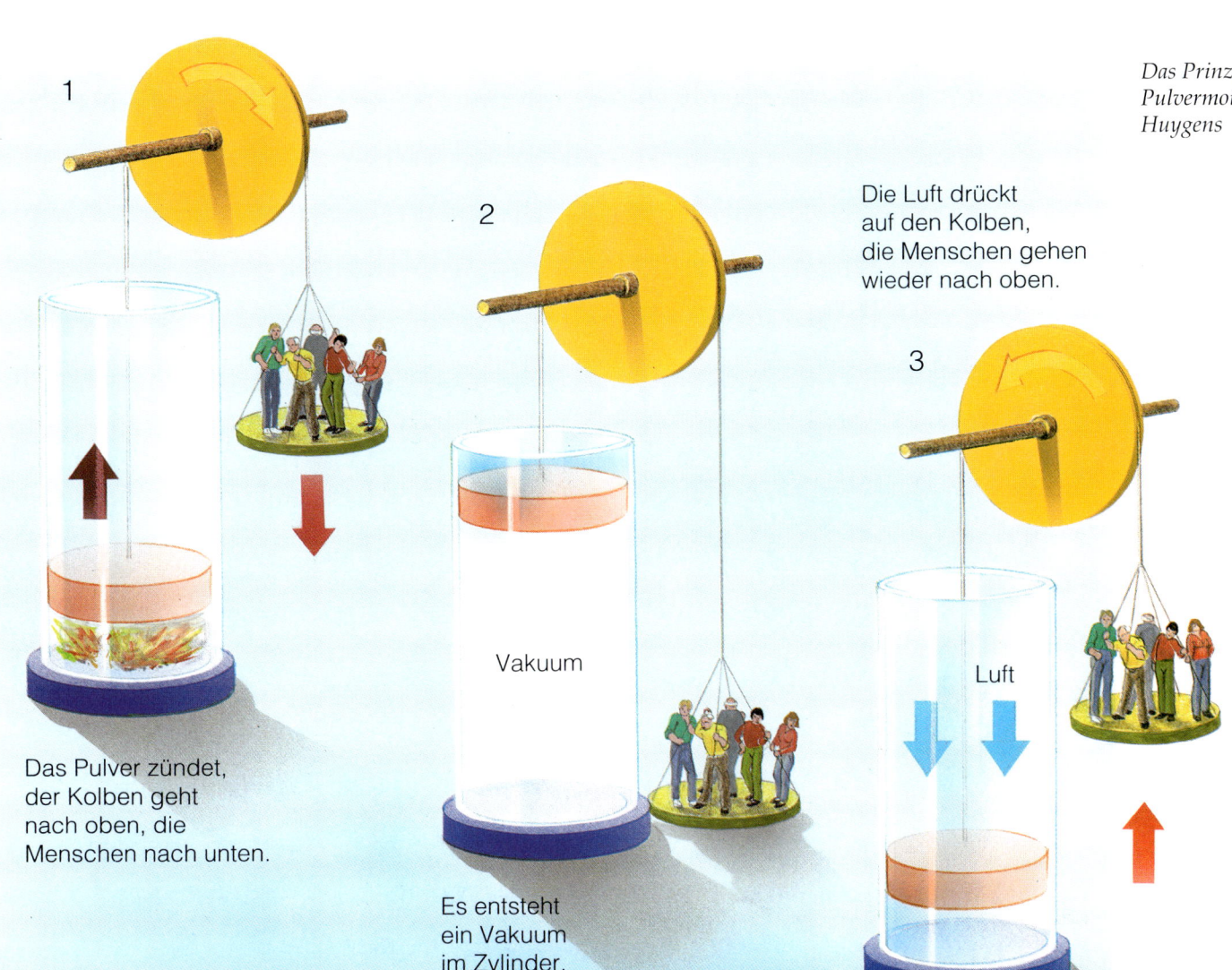

1

2

3

Die Luft drückt
auf den Kolben,
die Menschen gehen
wieder nach oben.

Das Pulver zündet,
der Kolben geht
nach oben, die
Menschen nach unten.

Vakuum

Es entsteht
ein Vakuum
im Zylinder.

Luft

Wie funktioniert ein Pulvermotor?

Es war der niederländische Physiker *Christiaan Huygens* (1629–1695), der als erster in einem *Kolbenmotor* Wärme in Kraft umwandelte. Der *Kolben* spielt bei einem Verbrennungsmotor allgemein eine sehr wichtige Rolle. Er paßt wie ein etwas zu kleiner Korken in einen Flaschenhals, der hier *Zylinder* genannt wird. Kolben und Zylinder passen so gut ineinander, daß nicht einmal Luft dazwischen hindurchkommen kann. Trotzdem läßt sich der Kolben in dem Zylinder noch auf und ab bewegen.

Auch Huygens hatte für seinen ersten öffentlichen Versuch im Jahr 1673 einen Kolben mit Zylinder aufgebaut. Auf den Boden des Zylinders hatte er zuvor eine wohldosierte Menge Schießpulver gelegt. An dem Kolben war ein Seil befestigt, welches über eine Rolle fünf Männer auf einem Podest hoch und runter bewegen konnte. Als Huygens das Schießpulver zündete, schnellte der Kolben hoch, und die Männer sackten nach unten. Bis dahin nichts Ungewöhnliches, denn durch die Explosion wurde *Energie* frei. Für die entstandene Energie war der kleine, abgeschlossene Zylinderraum zu eng, und sie drückte mit aller Gewalt den Kolben nach oben. Doch das Interessante

Der Dampfwagen des Franzosen Nicolas Joseph Cugnot aus dem Jahre 1769

folgte nun, als die Männer ganz unten hingen und der Kolben ganz oben stand. Wie durch Zauberkraft wurde der Kolben wieder in den Zylinder gezogen und die Männer mit ihm zurück in ihre Ausgangslage. Der Zauber lag in dem luftdichten Raum unter dem Kolben. Die Energie konnte zwar für einen kurzen Augenblick den Kolben wegdrücken, aber dadurch entstand auch ein starkes *Vakuum*, ein praktisch luftleerer Raum, in dem Zylinder.

Wer schon einmal kräftig an einer leeren Flasche gesaugt hat, konnte sicher feststellen, daß scheinbar jemand die Zunge in die Flasche hineinziehen wollte. Genauso erging es dem Kolben, der durch das Vakuum wieder zurückgezogen wurde. In Wirklichkeit zieht nicht das Vakuum, sondern die äußere Umgebungsluft drückt sehr stark auf den plötzlich entstandenen leeren Raum im Zylinder.

Wie entwickelte sich die Dampfmaschine?

Huygens mit dem „Pulvermotor" hatte einen Assistenten namens *Denis Papin,* der in Hessen 1679 die erste mit Wasserdampf betriebene *Dampfmaschine* erfand. Sie konnte den Kolben nur sehr langsam beim Erhitzen von Wasser durch den entstehenden Dampfdruck anheben (ähnlich wie ein Topf kochendes Wasser, wo der Deckel leicht angehoben wird durch den Druck des Dampfes). Das Absenken des Kolbens erreichte Papin durch anschließendes Abkühlen des Dampfes, wodurch dieser wieder zu Wasser wird (er *kondensiert*). Während des Abkühlens entsteht im Zylinder ein luftleerer Raum, der den Kolben nach unten zieht.

Der englische Schmied *Thomas Newcomen* verbesserte im Jahr 1712 die Ideen von Papin und baute seine „Feuermaschine", die mit bis zu zwölf Umdrehun-

10

gen pro Minute das Grundwasser aus den englischen Bergwerken pumpen konnte. Es war die erste funktionierende Dampf-Kraftmaschine der Welt.

Im Jahre 1769 konnte der Schotte *James Watt* (1736–1819) eine Dampfmaschine mit getrenntem *Kondensator* und einem ständig heißen Zylinder vorstellen. In dem Kondensator von Watts Dampfmaschine wurde der heiße Wasserdampf durch Kälte in flüssiges Wasser zurückgewandelt, ohne dafür Kolben und Zylinder abkühlen zu müssen. Watt hatte bei seinen Versuchen erkannt, daß durch einen gleichbleibend heißen Zylinder viel Energie eingespart wird. Er gilt heute allgemein als der Erfinder der direktwirkenden Dampfmaschine. Der Franzose *Nicolas Joseph Cugnot* setzte 1769 einen solchen Dampfkessel auf eine dreirädrige Kutsche mit lenkbarem Vorderrad und schuf so den ersten Dampfwagen.

Wann wurden die ersten Gasmotoren gebaut?

Der Dampfmotor hatte einen großen Nachteil: Sein Wirkungsgrad war sehr schlecht, er benötigte viel mehr Brennstoff, als er an Leistung abgeben konnte. Viele Erfindungen beschäftigten sich daher mit dem Explosionsmotor, allerdings zündete man nicht mehr Schießpulver, sondern Leuchtgas – und zwar elektrisch.

Der Belgier *Jean Joseph Étienne Lenoir* stellte im Jahr 1863 der Öffentlichkeit seinen ersten Gasmotorenwagen vor. Von den gasbetriebenen *Lenoirmotoren* waren im Jahr 1864 allein in der französischen Hauptstadt Paris 130 Stück an festen Standorten in Betrieb.

Auch der Kölner Kaufmann *Nikolaus August Otto* (1832–1891) war von dem Lenoirmotor begeistert. Schade nur, dachte er, daß man dazu unbedingt Gas benö-

tigt. Also machte er Versuche zur Vergasung von Spiritus und anderen Stoffen und experimentierte an einem eigenen Gasmotor.

Zusammen mit dem Ingenieur *Eugen Langen* (1833–1895) entwickelte er den ersten brauchbaren Gasmotor, der mit einem Gas-Luft-Gemisch betrieben wurde (*atmosphärischer Gasmotor*). 1867 erhielten sie dafür auf der *Weltausstellung* in Paris die Goldmedaille, da ihr Motor nur die Hälfte der herkömmlichen Gasmenge benötigte. Die Leistung des atmosphärischen Gasmotors lag damals bei 3 *PS* (*Pferdestärken*).

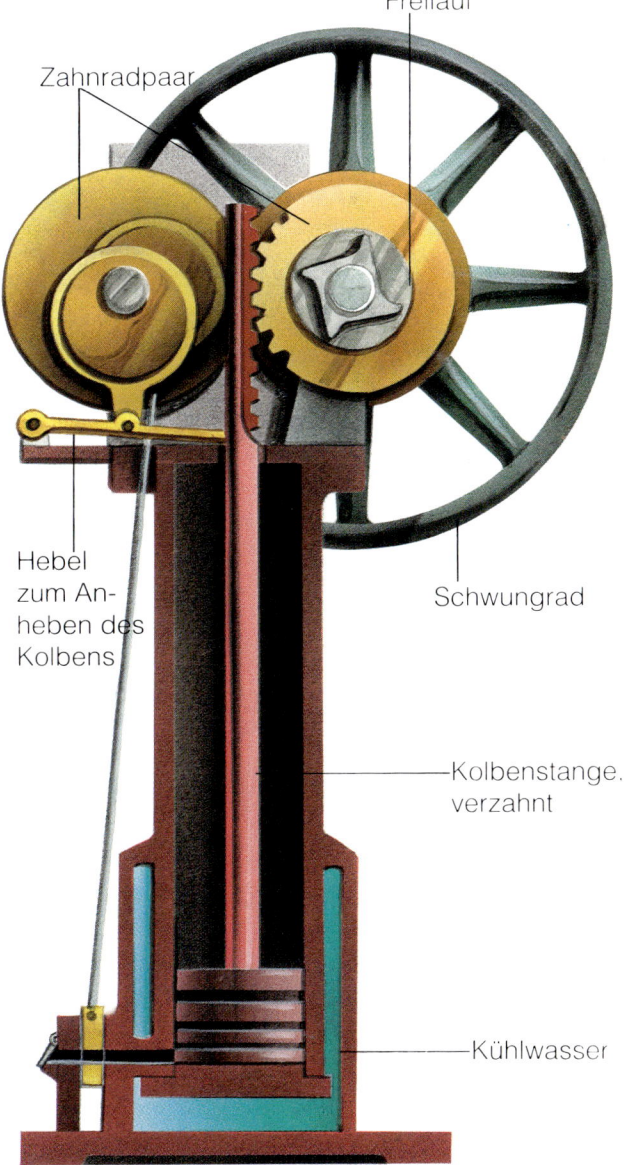

Der erste atmosphärische Gasmotor von Nikolaus August Otto und Eugen Langen erhielt auf der Pariser Weltausstellung im Jahre 1867 die Goldmedaille.

Freilauf

Zahnradpaar

Hebel zum Anheben des Kolbens

Schwungrad

Kolbenstange, verzahnt

Kühlwasser

Wie man die Leistung eines Motors mißt

Watt ist die internationale (in der ganzen Welt gebräuchliche) Einheit für die *Leistung*. Mit ihr gibt man an, in welcher *Zeit* eine bestimmte *Arbeit* verrichtet werden kann. Wenn man heute von der Kraft und Stärke eines Motors spricht, gibt man die Leistung in *Kilowatt* an, abgekürzt *kW*. Der Vorsatz *Kilo* bedeutet 1000, ein Kilowatt sind also 1000 Watt.

Früher wurden die Fahrzeuge mit den üblichen Pferdekutschen verglichen, die mit bis zu acht Pferden gezogen wurden. Deshalb entstand der Begriff der *Pferdestärke* (abgekürzt *PS*) für die Angabe der Leistung eines Automobils. Seit 1978 wird dieser Begriff in Deutschland durch kW ersetzt (1 kW = 1,36 PS; 1 PS = 0,7355 kW). In England ist weiterhin der Begriff *horsepower* gebräuchlich (zu deutsch Pferdestärke), abgekürzt *h.p.* (1 h.p. = 1,01387 PS = 0,7457 kW).

Der erste atmosphärische Gasmotor von Otto und Langen mit seinen 3 PS hatte eine Leistung von drei Pferden oder umgerechnet 2,2 kW.

Wie wurde der Viertaktmotor entdeckt?

Die bisher beschriebenen Motoren arbeiteten meistens mit einem Zylinder in zwei Arbeitsschritten: Im ersten Schritt, auch *Takt* genannt, wurde der Kolben durch Dampf oder Explosion fast aus dem Zylinder gedrückt. Im zweiten Takt wurde er durch das im Zylinder entstehende Vakuum wieder hineingezogen.

Nikolaus August Otto hatte schon im Jahr 1862, wohl eher durch Zufall, das Prinzip des *Viertaktmotors* an seinem Versuchsmotor entdeckt. Wie üblich bewegte er den Kolben im ersten Takt um ein Viertel der Zylinderlänge hinaus. Dabei wurde das zu zündende Gas-Luft-Gemisch über eine Klappe angesaugt. Die restlichen drei Viertel des Weges dienten als *Arbeitshub*, sobald das Gemisch im Zylinder elektrisch gezündet wurde. Über diese Strecke wurde dann der Kolben mit der ganzen Kraft der Explosion herausgedrückt und verrichtete dabei Arbeit.

Unbeabsichtigt saugte Otto eines Tages fast über die gesamte Zylinderlänge das Gemisch an und mußte den Kolben

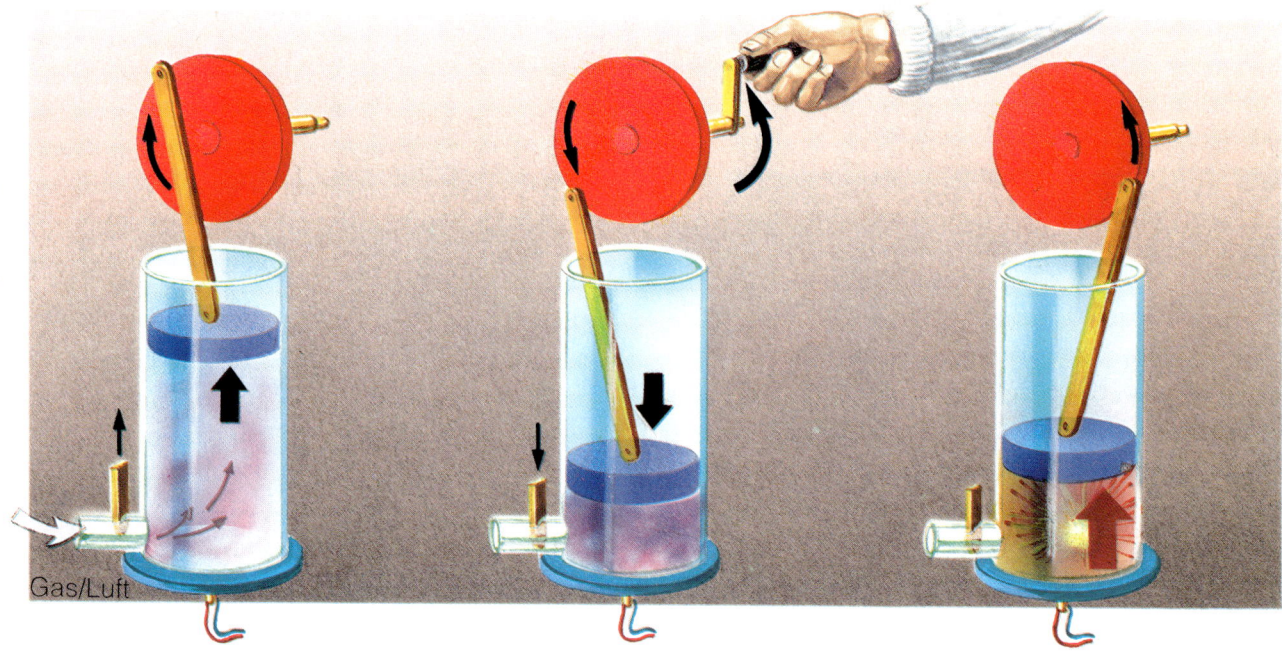

So fand Otto das Prinzip des Viertaktmotors: Über fast die ganze Zylinderlänge saugte er das Gas-Luft-Gemisch an (links) und drehte den Kolben von Hand zurück (Mitte), wodurch er das Gemisch verdichtete und so eine viel stärkere Zündung erhielt (rechts).

Gas/Luft

Die vier Takte im Vierzylinder-Viertakt-Ottomotor (von links nach rechts): Im Arbeitstakt wird Energie erzeugt (1), im Auspufftakt der Kolben nach unten gedrückt (2), im Ansaugtakt wieder nach oben gezogen (3), im Verdichtungstakt das Gas-Luft-Gemisch verdichtet (4). Siehe auch Seite 26.

von Hand zurückdrehen, damit er noch ausreichenden Arbeitshub hatte. Dabei verdichtete er das im Zylinder eingesperrte Gas-Luft-Gemisch. Die folgende Zündung war wesentlich stärker als alle vorangegangenen. Otto wiederholte den Versuch mehrmals und erkannte: „Ich muß vor jeder Zündung das Gasgemisch erst verdichten, weil dann wesentlich stärkere Verbrennungskräfte entstehen."

Wann wurden die ersten Viertakter gebaut? Nach einigem Überlegen wußte Otto, daß sein Motor nur dann funktionieren würde, wenn er mit vier Takten arbeitete. Seine Lösung war so genial, daß sie im Prinzip heute noch angewendet wird und die Grundlage für alle Verbrennungsmotoren darstellt. Da nur bei einem Takt wirkliche Energie erzeugt wird, mußte Otto für seine drei übrigen Takte Energie zur Verfügung stellen. Was lag da näher, als vier Zylinder aufzu-

bauen, diese versetzt zu zünden und dadurch jedesmal mehr Energie abzugeben? Er konstruierte eine komplizierte Steuerung der Ein- und Auslaßventile, und der erste *Vierzylinder-Viertakt-Ottomotor* war geboren. Es sollten allerdings noch 14 Jahre vergehen, bis Otto und Langen in ihrer gemeinsamen *Gasmotorenfabrik Deutz* 1876 den ersten ruhig laufenden Motor bauen konnten. Der Motor hatte eine Leistung von 2,2 kW bei 180 Umdrehungen pro Minute.

Zum Unglück der beiden konnten sie sich ihre Idee aber nicht patentieren lassen. Das schon an sie ausgegebene *Patent Nr. 532* wurde nämlich am 30. Januar 1886 wieder aufgehoben, da eine völlig in Vergessenheit geratene Schrift des Franzosen *Alphonse-Eugène Beau de Rochas* von 1862 entdeckt worden war, in der ebendieses Viertaktprinzip beschrieben wurde. Für die Autoindustrie war diese Erfindung der Startschuß zu einer weltweit einsetzenden Motoren- und Fahrzeugproduktion.

Warum entwickelte Rudolf Diesel einen eigenen Motor?

Rudolf Diesel (1858–1913) hatte schon als Junge viele Stunden im ältesten technischen Museum der Welt in Paris verbracht, in dem sich auch Cugnots erster Dampfwagen befand. Während seines Studiums an der *Technischen Hochschule* in *München* ab 1875 erfuhr er, daß die Dampfmaschinen seiner Zeit nur 6–10 % der im Brennstoff enthaltenen Energie in Arbeit umsetzen konnten. Der junge Rudolf dachte darüber nach und fand so seine Lebensaufgabe: die Schaffung einer neuen, wirtschaftlichen Wärmekraftmaschine.

Doch Diesels Traum sollte erst spät in Erfüllung gehen. Als Direktor einer Pariser Eisfabrik kam er bei seinen ständig weitergesponnenen Überlegungen zu dem Schluß, daß der neue Motor mit sehr hohen Drücken arbeiten muß. Den Druck, den ein Kolben beim Zusammenpressen des Gemisches im Zylinder erzeugt, nennt man *Kompression*. Der Druck wird in *bar* gemessen, ein Bar entspricht dem normalen Luftdruck. Damals waren schon die 3–4 bar Kompression des Ottomotors schwer zu bändigen – und Rudolf Diesel schwebten 35–40 bar Überdruck vor. 1892 ließ sich Diesel seine Idee patentieren: Sein Motor sollte im Gegensatz zum Ottomotor kein Gas-Luft-Gemisch ansaugen, sondern reine Luft. Preßt man diese mit ca. 35 bar zusammen, entsteht eine Temperatur von etwa 800° C im Zylinder.

Wann gab es den ersten Dieselmotor?

Wenn in die komprimierte, heiße Luft im Zylinder ein brennbarer Stoff gespritzt wird, entzündet sich dieser, und es entsteht eine Verbrennung. Die *Maschinenfabrik Augsburg-Nürnberg AG (MAN)* erklärte sich 1893 bereit, Diesels Versuchsmotor zu bauen. Da man den Verdichtungsdruck nicht über 18 bar anheben konnte, mußten die ersten Experimente mit *Benzin* als Brennstoff gemacht werden. Doch erst mühsame Versuche mit Drucklufteinspritzung von *Petroleum* zeigten erste

Rudolf Diesel (kleines Bild) entwickelte den Vierzylinder-Dieselmotor.

Ein Mercedes-Maybach-Rennwagen von 1903

Erfolge. Am 17. Februar 1894 hatte Diesel Grund zum Feiern: Sein Motor drehte sich etwa eine Minute lang aus eigener Kraft. Doch erst im Mai 1895 waren die größten Probleme beseitigt. Noch fast zwei weitere Jahre wurde an dem Motor experimentiert, verbessert und erprobt. Im Januar 1897 war Diesel endlich zufrieden. Der fertige Motor lieferte eine Leistung von 13,1 kW bei 154 U/min. Sensationell war dabei der geringe Kraftstoffverbrauch, der alles bisher Gekannte unterbot.

Für die Fahrzeugindustrie stand so ein Motor zur Verfügung, der leistungsstark und sparsam war. 1936 baute *Mercedes-Benz* den ersten Wagen mit Dieselmotor in Serie (*Typ 260 D*, 4 Zylinder, 33 kW bei 3000 U/min). Wurden Dieselfahrzeuge am Anfang meist als Taxis und Lieferfahrzeuge eingesetzt, erfahren sie gerade in der heutigen Zeit einen neuen Aufschwung in der Automobilindustrie.

Wer waren die Pioniere des Automobils?

Gottlieb Daimler (1834– 1900) und sein Mitarbeiter *Wilhelm Maybach* (1846–1929) arbeiteten seit 1882 in einem Labor in *Cannstatt* an einem eigenen Vierzylinder-Fahrzeugmotor. Solange Nikolaus Otto noch das Patent für seinen Vierzylinder-Motor besaß, konnte nur geheim an dem Projekt gearbeitet werden. Der Motor sollte leicht, klein und schnelllaufend sein. Die bisherigen Fahrzeuge rappelten und vibrierten mit ihren 200 U/min zu sehr und fanden bei vielen Damen und Herren, die das Geld für ein solches Fahrzeug gehabt hätten, keinen Gefallen. Der erste *Daimlermotor* in einem luftgekühlten Motorwagen brachte im Herbst 1886, bei einer Drehzahl von sage und schreibe 680 Umdrehungen je Minute, schon gute 0,8 kW Leistung.

Karl Benz (1844–1929) entwickelte, als Mitinhaber der *Rheinischen Gasmotorenfa-*

Der Benzmotorwagen von 1886 hatte noch einen Lenkgriff anstelle eines Lenkrades.

brik Benz & Co., seit dem Jahr 1883 *Zweitaktmotoren*. Er machte wie Daimler und Maybach nebenbei Versuche mit dem vielversprechenden Viertakter und konnte bei Rücknahme des Patentes 1886 der Öffentlichkeit sofort seinen ersten Benzmotor präsentieren: einen leichten, offen gebauten *Viertakt-Einbaumotor* mit 0,6 kW Leistung bei 250 U/min. Die maximale Drehzahl des Motors lag bei 900 U/min.

Heute würde niemand einen Benz mit derart geringer Leistung fahren wollen, aber damals war das Gefährt eine kleine Sensation. Karl Benz schwebte schon als Junge ein selbstfahrendes Straßenfahrzeug vor. Er legte als erster Wert auf ein leichtes Fahrwerk und wirkte entscheidend an der Entwicklung einer brauchbaren Zündung mit. Seine ersten Fahrzeuge rüstete er mit einer selbst entwickelten, batterieabhängigen Zündung aus.

Wie begegneten die Menschen den ersten Autos?

Die ersten Dampfmaschinen stanken und entwickelten viel Rauch. Menschen und Tiere gerieten dadurch mehr in Angst und Schrecken als in Begeisterung. Und schnell waren die ersten „Autos" auch noch nicht. Der erste Dampfwagen von Cugnot im Jahre 1769 konnte noch gut von einem Fußgänger überholt werden, denn er fuhr maximal 4 km/h. Viele Privatpersonen konnten sich noch kein Automobil leisten.

In England wurden um 1825 die ersten Dampfomnibuslinien eingerichtet. Man fuhr mit durchschnittlich 18 km/h und mußte mehr als das Zehnfache des Pferdekutschenpreises zahlen. Oft explodierten die Dampfkessel unterwegs, oder die Antriebsketten rissen. Die Bevölkerung von London war so verschreckt von den neuen Dampfwagen, daß das Parlament ein hartes Gesetz dagegen verabschiedete. Von 1865 bis 1896 durfte in England in den Städten kein Gefährt schneller als Schrittempo (3,2 km/h) fahren und außerhalb von Ortschaften auch nur 6,4 km/h. In den Städten mußte jedem Dampffahrzeug eine Person vorausschreiten, die mit einer roten Fahne Menschen und Tiere warnen sollte. In anderen Ländern erklärten viele Ärzte, daß der Mensch höhere Geschwindigkeiten nicht verkraften könne, und warnten deshalb vor dem Automobil und den möglichen Langzeitschäden.

Der Österreicher *Siegfried Marcus* bekam Ärger mit der Wiener Polizei, als er um das Jahr 1870 Versuche anstellte mit einem Handwagen, der von einem Motor angetrieben wurde, allerdings nicht lenkbar war. Der Grund für das Einschreiten der Ordnungshüter: Der Wagen gab ih-

rer Meinung nach Geräusche von sich, die sehr störend waren.

Auch in *Deutschland* stand man dem Automobil noch skeptisch gegenüber. Der Benzkleinwagen sollte für Normalbürger sein, war mit über 2000 Mark aber viel zu teuer. Von dem dreirädrigen *Velo* wurden in den Jahren 1894 bis 1902 nur knapp über 1200 Stück verkauft.

Anders sah es in Frankreich aus, wo die Menschen viel aufgeschlossener die neuen, selbstfahrenden Wagen annahmen. Hier gab es die ersten Rennen der Autogeschichte, und hier wurden nach 1900 viele wichtige Erfindungen gemacht. Für die Entwicklung und Verbreitung von Automobilen war es zudem von Vorteil, daß es in Frankreich zur damaligen Zeit bereits ein recht weitverzweigtes Straßennetz gab. Von Frankreich ging die Motorisierung Europas aus.

Von 1865 bis 1896 mußte in den Städten Englands jedem Dampfwagen eine Person mit einer roten Fahne voranschreiten, um die Bevölkerung zu warnen.

Aufbau und Produktion eines Autos

Welche Teile benötigt ein Auto zum Fahren?

Ein Auto hat meist vier Räder, die einzeln aufgehängt und gefedert sind. Zwei Räder werden vom *Motor* über *Kupplung, Getriebe, Gelenkwelle* und *Differential* angetrieben. Die Kraft wird über die Reifen auf die Straße übertragen. Bei den Reifen gibt es Gummimischungen für den Sommer und solche mit tieferem Profil für den Winter. Das Profil drückt bei Regen das Wasser zur Seite weg, da das Auto sonst auf einer Wasserfläche wie auf Eis fahren würde (sogenanntes *Aquaplaning*).

In jedem Rad sitzt eine *Bremse,* die über zwei getrennte Kreisläufe zusammengedrückt werden kann. Der Fahrer tritt dazu mit dem rechten Fuß auf das *Bremspedal.* Gasgeben erfolgt ebenfalls mit rechts. Bei einem *Schaltwagen* darf auch der linke Fuß etwas tun, er tritt die Kupplung. Außerdem hat jedes Auto eine unabhängige *Handbremse,* die auch funktionieren muß, wenn die anderen Bremsen versagen.

Fehlen noch ein *Lenkrad,* ein *Sitz* und das *Gehäuse,* in das all diese Teile eingebaut werden können. Das Gehäuse erhält noch Türen, dann kann es losgehen.

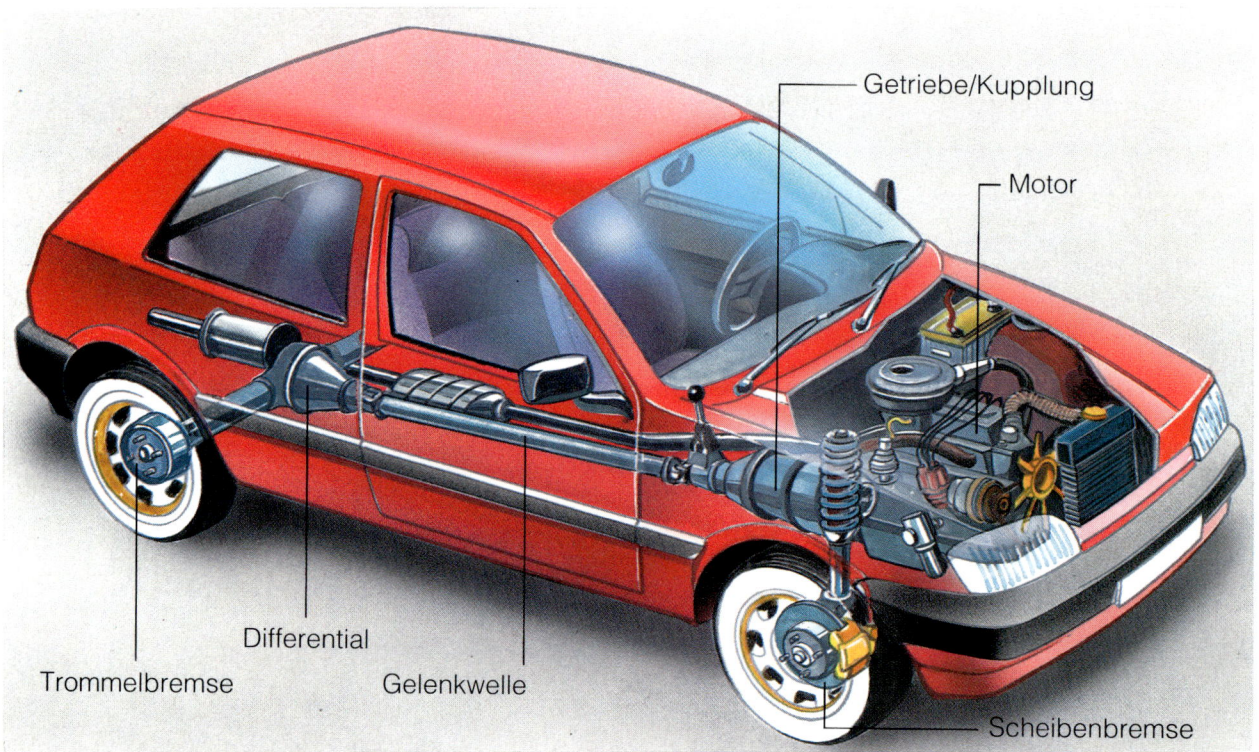

Die wichtigsten Teile eines Autos in einer Schnittzeichnung

Getriebe/Kupplung

Motor

Trommelbremse

Differential

Gelenkwelle

Scheibenbremse

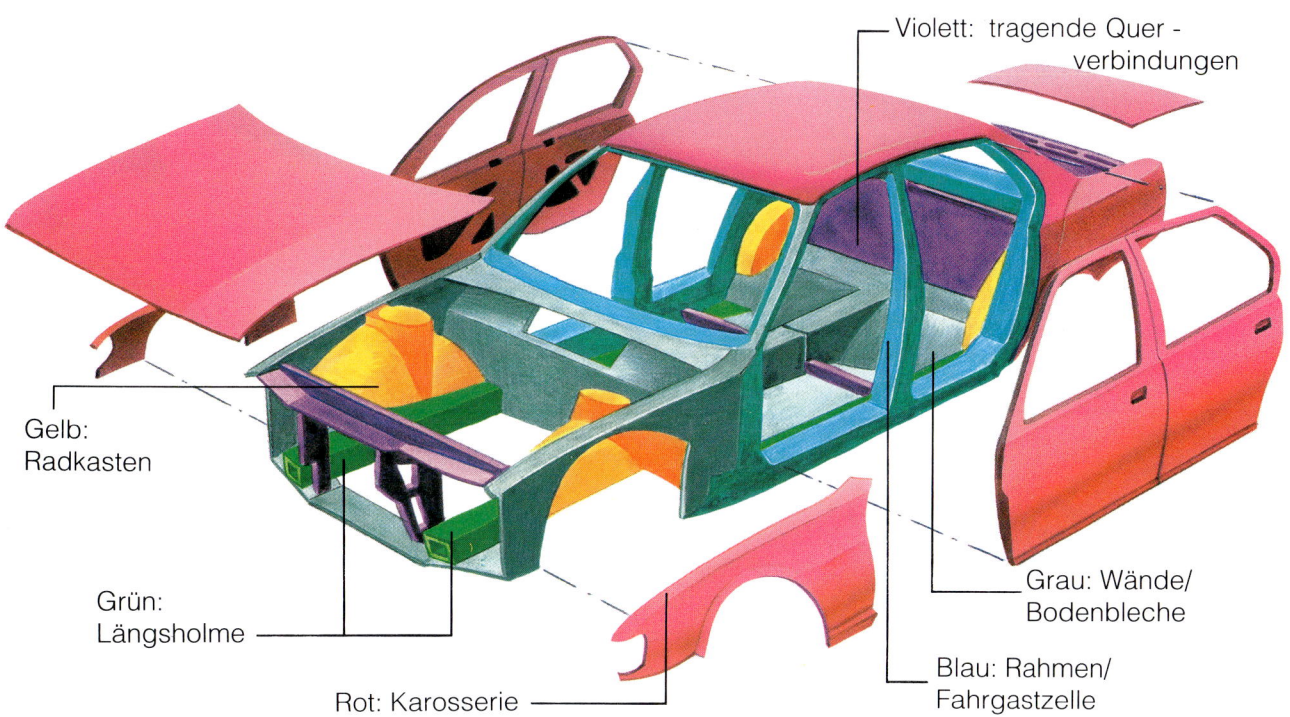

Violett: tragende Quer-
verbindungen

*Die Bestandteile ei-
ner selbsttragenden
Karosserie*

Gelb:
Radkasten

Grün:
Längsholme

Rot: Karosserie

Grau: Wände/
Bodenbleche

Blau: Rahmen/
Fahrgastzelle

Was ist an Elektrik und Elektronik im Auto?

Spätestens beim Starten unseres Einfachautos bekommen wir Probleme. Bevor der Motor gezündet werden kann, muß er erst auf Touren kommen. Früher gab es dazu eine große Kurbel, über die man den Motor per Hand „anschmeißen" mußte. Heute sorgt ein starker elektrischer *Anlassermotor* für die ersten Drehungen der *Kurbelwelle.* Die Spannung kommt aus der *Autobatterie,* einem schweren *Bleiakku,* der nach dem Start vom *Generator* ständig nachgeladen wird. Der Generator ist ein kleines Kraftwerk im Auto. Die Spannung, die er erzeugt, liegt heute bei zwölf *Volt.* Er liefert den gesamten Strom für Beleuchtung, Heizung, Einspritzanlage, elektrische Fensterheber, Radio und noch vieles andere mehr.

Autos enthalten heute viel *Elektronik,* die in Steuergeräten versteckt ist. Solche Steuergeräte sind richtige kleine *Computer,* die den Fahrer informieren und ihn während der Fahrt unterstützen. Ein Motorsteuergerät sorgt für eine saubere Verbrennung und für sanftes Anfahren, die Steuerung für *ABS* und *Airbag* (siehe dazu S. 64 und 66) übernehmen ebenfalls Mikrocomputer, und für die Autowerkstätten gibt es heute umfangreiche elektronische Diagnosemöglichkeiten, um Fehler im Auto festzustellen.

Welche Arten von Autos gibt es?

Das Auto heißt offiziell *Personenkraftwagen* oder kurz *PKW.* So bezeichnet man Fahrzeuge mit zwei bis acht Sitzplätzen, die für den Transport von Personen vorgesehen sind. Moderne PKW haben eine selbsttragende *Karosserie,* bei der Fahrgestell und Aufbau ein Teil sind. Die Karosserie ist die Schale des Autos. Sie besteht unter anderem aus Türsäulen, Türen, Dach, Motorhaube, Kotflügel und Bodenblech. Die Teile werden meist verschweißt und halten ohne zusätzlichen Rahmen; deshalb nennt man sie selbsttragend. Auf den Straßen fahren Autos mit unterschiedlichsten Karosserieformen umher.

Autos werden nach der Karosserieform unterschieden

Limousine
Die meisten Autos sind Limousinen. Sie haben eine geschlossene Karosserie, zwei oder vier Türen und manchmal ein Schiebedach.

Pullman-Limousine
Das ist eine besonders lange Limousine mit acht Sitzen. Einige Taxis fahren so herum, und sehr reiche Leute und Politiker nutzen einen Pullman zum Repräsentieren.

Landaulett
Ganz selten sieht man diesen Fahrzeugtyp, bei dem sich nur der hintere Teil des Daches öffnen läßt. Wichtige Staatsmänner können dann besser ihrem Volk zuwinken.

Cabrio
Eine offene Limousine mit vier bis fünf Sitzplätzen nennt man Cabrio. Das Dach ist meist aus Stoff und läßt sich hinter der Rückbank verstauen, wenn man bei warmem Wetter durch die Gegend fahren möchte.

Coupé
Ein schneller, flacher Sportwagen mit zwei Türen. Nur vorne haben zwei Leute bequem Platz. Hinten gibt es nur manchmal Notsitze.

Roadster
Wenn man bei einem Coupé das Dach entfernen kann, nennt man den offenen Sportwagen einen Roadster. Manche Dächer sind aus faltbarem Stoff, andere muß man komplett als sogenanntes Hardtop abnehmen.

Kombi
Ein Kombi ist eine Limousine mit vergrößertem Kofferraum. Er bietet viel mehr Ladefläche. Der große Kofferraum beginnt hinter der Rückbank und hat eine zusätzliche Heckklappe zum Beladen.

Großraumlimousinen
Familien mit vielen Kindern bevorzugen Kleinbusse oder Vielzweckfahrzeuge. Diese Autos haben meist zwei Rücksitzbänke.

Wie entsteht ein Auto?

Ein neues Modell enthält fast immer neue Technik und hat ein neues Aussehen, *Design* genannt. Eine Designstudie vergleicht mehrere mögliche Formen, und schließlich wählen die zuständigen Leute ein Modell davon aus. Die ersten Modelle werden als Gips-, Holz- oder Kunststoffmodelle entworfen, an denen oft noch gefeilt und geklebt wird. Moderne Computerverfahren übertragen das neue Design in große Rechner und vereinfachen damit die Herstellung der Karosseriebleche für die Serie, also für größere Stückzahlen. Neue Motoren werden jahrelang auf Prüfständen auf Herz und Nieren getestet und müssen viele Betriebsstunden über sich ergehen lassen.

Die ersten neuen Modelle, *Prototypen* genannt, werden auf Teststrecken in heißen und kalten Ländern wochenlang probegefahren, bis alles an dem Auto in Ordnung ist. In den Fachzeitschriften sieht man dann öfter Fotos von den *Erlkönigen* eines neuen Modells, wie die getarnten und geheimgehaltenen Prototypen heißen. Vom Zeitpunkt der ersten Entwürfe bis zur Serie können mehrere Jahre vergehen. Von den neuen Serienmodellen werden dann mitunter über 1000 Stück an einem Tag produziert.

Wie werden Autos zusammengebaut?

Der Bau von Autos erfolgt heute in computergesteuerten Hallen nach der *Fließbandmethode*, die 1913 von *Ford* in Amerika eingeführt wurde. Das Fahrzeug wird dabei über ein langes Fließband durch große Hallen bewegt, angefangen mit der nackten Karosserie. Alle paar Meter stehen Gruppen von Arbeitern am Band, die für spezielle Teile des Autos verantwortlich sind. Einige schrauben die Räder an das Auto, andere bauen den Motor ein, die nächsten montieren die Scheinwerfer und so weiter. Über viele verschiedene Fließbänder gelangen die großen Teile wie Motoren, Türen und Motorhauben zu den rohen Karosserien, in die sie eingebaut werden sollen. Ein Computer sorgt dafür, daß zu einer roten Karosserie auch die bestellten vier roten Türen passend eintreffen, wenn Arbeiter oder Roboter diese einbauen sollen. Da jedes Auto anders aussieht – manche möchten ein Schiebedach, manche eine Klimaanlage, andere wollen Ledersitze und so weiter –, muß der Computer sehr genau aufpassen, daß die Autos am Ende immer wie bestellt vom Band „fallen".

Viele Arbeiten werden heute anstelle von Menschen von *Industrierobotern* durchgeführt. Schweißarbeiten an unzugänglichen Stellen können schneller und genauer von einem *Schweißroboter* durch-

Bei der Entwicklung eines neuen Automodells werden modernste Computerverfahren eingesetzt.

Bei der Montage eines Autos werden Schweißroboter eingesetzt.

geführt werden, schwere Teile können Roboter besser bewegen, und Lackierungen werden zum Beispiel in automatischen Lackieranlagen aufgetragen. Doch für den Zusammenbau vieler Einzelteile ist der Mensch weiter unentbehrlich.

Was heißt „Just-in-time"? Die meisten Teile des Autos werden schon vorher komplett zusammengebaut, bevor sie in dem Automobilwerk eintreffen. Motoren, Bremsanlagen, Schiebedächer, Einspritzpumpen und auch viele Kleinteile werden von Zulieferfirmen oder anderen Werken der Hersteller angeliefert. Manchmal fängt man mit der Herstellung der speziellen Teile erst an, wenn der Computer im Automobilwerk meldet, welches Auto als nächstes gebaut wird. Soll es zum Beispiel ein rotes Schiebedach bekommen, baut eine andere Firma innerhalb von einigen Minuten ein rotes Schiebedach zusammen und fährt es in das Werk, wo es dann rechtzeitig eingebaut werden kann.

Diese Produktionsart nennt man „Just-in-time", was soviel heißt wie „gerade noch rechtzeitig". Die einzelnen Firmen sitzen dabei meist in der Nähe der Automobilwerke und fahren ständig mit Lastwagen hin und her, um die geforderten Produkte anzuliefern. Die Autohersteller sparen dadurch eine Menge teuren Lagerplatz im Werk, und sie müssen sich nicht selbst darum kümmern, das richtige Teil zur richtigen Zeit an das Band zu liefern.

Ein Blick in das Innere des Autos

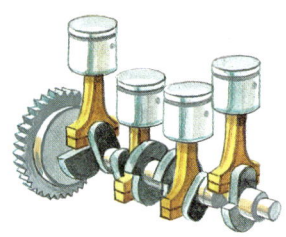

Wo sitzt der Motor? Die meisten Motoren werden heute entweder vorne oder hinten eingebaut. Nur Sport- und Rennwagen haben noch oft einen *Mittelmotor*. Motoren können in Längsrichtung oder quer eingebaut werden. Entscheidend dafür ist die Größe des Motorraumes und des Autos. Das Auto mit Hinterradantrieb *(Heckantrieb)* war bis 1931 die Standardbauform. Durch die nicht lenkbare hintere Achse konnte die Kraft leicht übertragen werden. Nachteil des Heckantriebes ist ein schlechteres Fahrverhalten auf glatter Straße und in den Kurven.

Mit dem Vorderradantrieb *(Frontan-trieb)* lassen sich diese Nachteile beheben. Durch die gleichzeitige Lenkung über die vordere Achse ist die Kraftübertragung bei diesem Antrieb jedoch wesentlich komplizierter. Heute werden fast alle Autos mit einem Frontantrieb und einem Frontmotor gebaut.

Es gibt aber auch Wagen mit einem *Allradantrieb*. Bei diesen Wagen wird die Kraft auf alle vier Räder übertragen, um so in unwegsamem Gelände oder bei Schnee nicht steckenzubleiben. Der Kraftstoffverbrauch ist bei Allradantrieb aber wesentlich höher. Oft kann man deshalb bei diesen Autos zwischen Allrad- und Normalbetrieb umschalten.

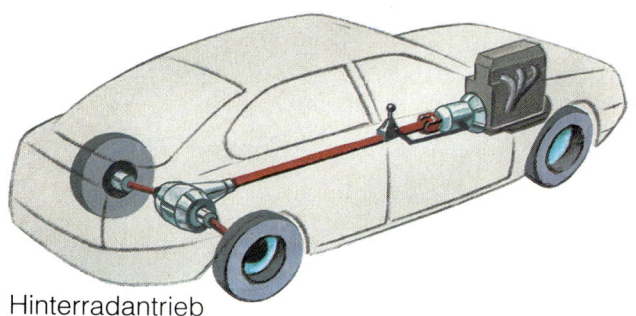

Hinterradantrieb

Mittelmotor

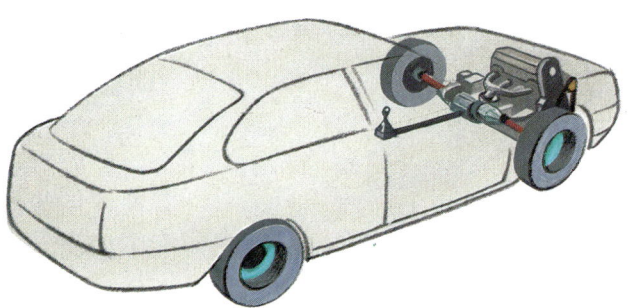

Frontantrieb

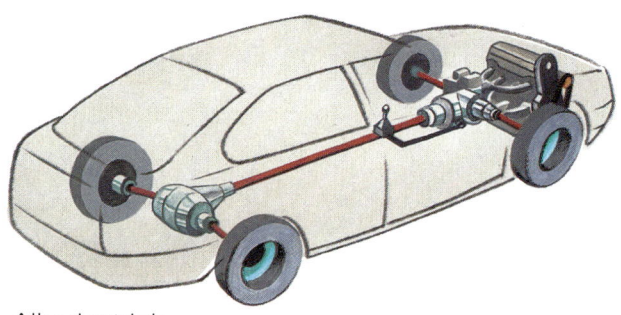

Allradantrieb

Die verschiedenen Antriebsarten von Autos unterscheiden sich durch die Position des Motors und die Stelle, wo die Kraft des Motors auf die Achsen übertragen wird.

23

Was sieht man unter der Motorhaube?

Schaut man in den Motorraum hinein, erkennt man meist in der Mitte einen großen, seltsam geformten Metallblock. Der gesamte Block ist der Motor, ohne den kein Auto fährt. Der Motor wird während der Fahrt sehr heiß, und ohne Kühlung würde er sich rasch selbst zerstören. Deshalb sind im *Motorblock* viele *Kühlkanäle,* durch die kaltes Wasser strömt. Eine Wasserpumpe bewegt das heiße Wasser aus dem Motor immer wieder durch den *Kühler.* Dieser sitzt meist im Motorraum hinter dem *Kühlergrill* nahe der vorderen *Stoßstange.* An dieser Stelle kann der frische Fahrtwind am besten in den Motorraum gelangen.

Im Kühler wird das Wasser auf eine große Fläche verteilt und kühlt durch den frischen Fahrtwind schnell ab. Das kalte Wasser kühlt anschließend wieder den Motor. Wenn das Auto steht, erzeugt ein großer *Lüfter* vor dem Kühler den notwendigen Wind.

Der Lüfter arbeitet mit elektrischem Strom, der aus der *Batterie* oder aus dem *Generator* kommt. Bei drehendem Motor wird der Generator über einen Riemen angetrieben, der dann wie ein kleines Kraftwerk den Strom erzeugt. Ein Teil des Stromes lädt gleichzeitig die Batterie wieder auf, die den Strom speichern kann, um auch dann Strom zu haben, wenn der Motor des Fahrzeugs nicht läuft. Die Batterie ist ein schwerer weißlicher Kasten mit zwei Anschlüssen für die dicken Stromkabel. Ohne Batterie könnte ein Auto nicht starten, denn der Verbrennungsmotor kann erst nach einigen Kolbenbewegungen seine Arbeit beginnen. Deshalb gibt es in jedem Auto einen elektrischen *Startermotor*, der über Zahnräder an der Kurbelwelle dreht und damit die Kolben auf- und abwärts bewegt.

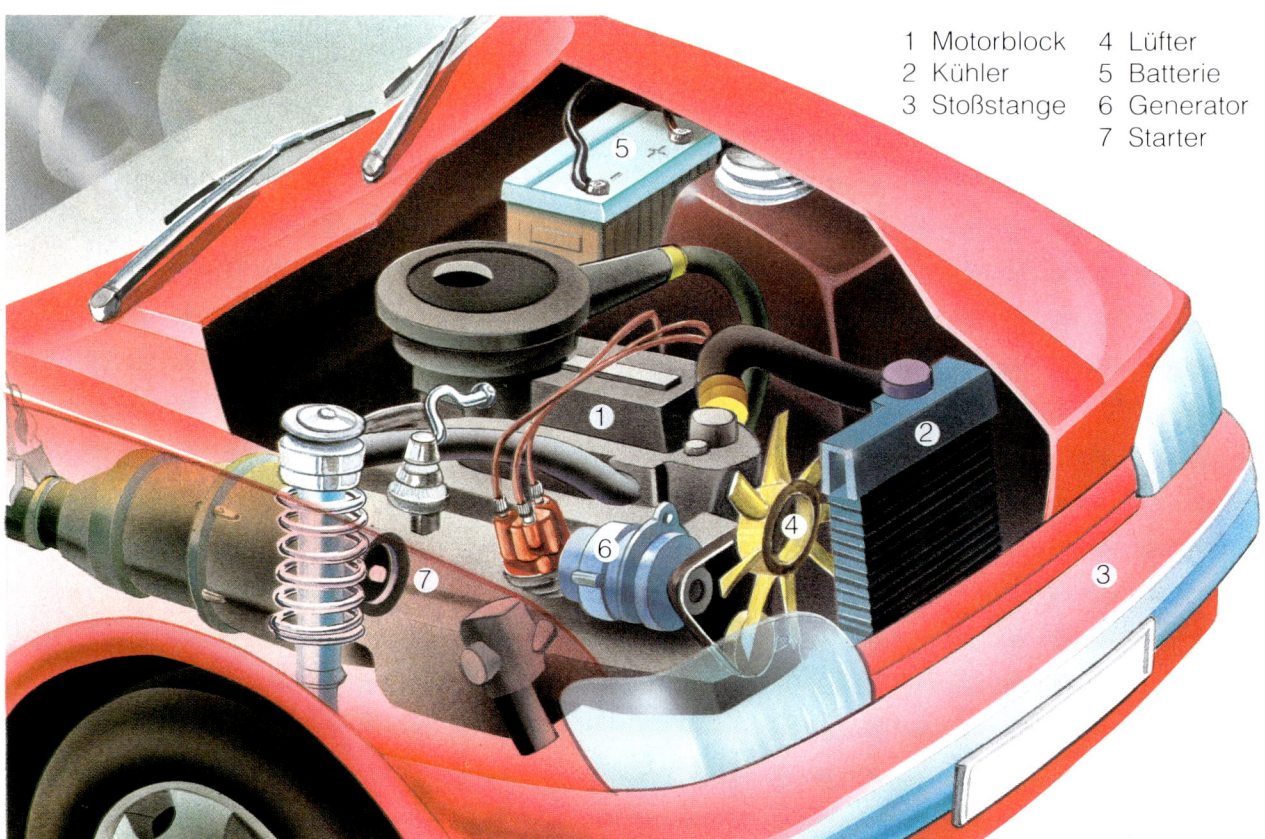

1 Motorblock	4 Lüfter
2 Kühler	5 Batterie
3 Stoßstange	6 Generator
	7 Starter

Blick unter die Motorhaube

24

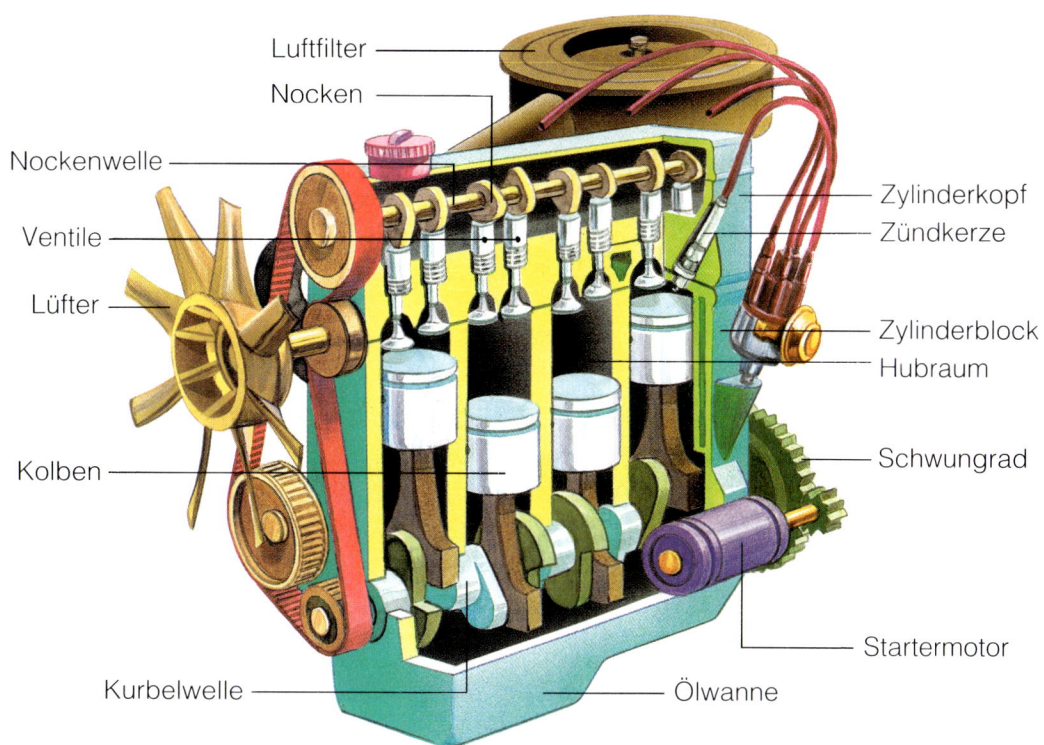

Luftfilter
Nocken
Nockenwelle
Ventile
Lüfter
Kolben
Kurbelwelle
Zylinderkopf
Zündkerze
Zylinderblock
Hubraum
Schwungrad
Startermotor
Ölwanne

Die einzelnen Bestandteile eines Vierzylinder-Benzinmotors

Woraus besteht ein Automotor? Fast alle Autos fahren heute mit Motoren, die Normalbenzin, Superbenzin oder Dieselkraftstoff tanken. Der *Motorblock* solcher Autos ist aus drei Teilen zusammengesetzt. In der Mitte sitzt ein *Zylinderblock* aus Gußeisen, der das Grundgerüst für den Motor bildet. In dem Zylinderblock sind große Löcher – die *Zylinder* – mit ganz glatten Innenwänden, in denen sich später die *Kolben* auf und ab bewegen. Ein Loch ist meist etwas größer als ein Wasserglas.

Jedes Auf und Ab des Kolbens bezeichnet man als einen *Hub*. Der Hohlraum (das Zylinderloch), in dem sich der Kolben bewegt, nennt man den *Hubraum*. Der Hubraum wird in *Litern (l)* oder *Kubikzentimetern (cm³)* angegeben.

Auf den Zylinderblock wird der *Zylinderkopf* gesetzt, der die Zylinderhohlräume luftdicht verschließt. Unter dem Zylinderblock sitzt eine Wanne, die mit Motoröl gefüllt ist *(Ölwanne)*. Sie sorgt für eine ausreichende Schmierung der beweglichen Teile und für zusätzliche Motorkühlung.

In der Ölwanne dreht sich eine Welle (die *Kurbelwelle*), die die Bewegung der Kolben an die Räder weiterleitet. Die Kurbelwelle sieht seltsam verbogen aus, ist aber sehr stabil. Durch ihre Form kann sie die ruckartige Auf- und Abwärtsbewegung der Kolben in eine ruhige Drehbewegung umwandeln. Ein großes, schweres Eisenrad *(Schwungrad)* an einem Ende der Kurbelwelle gleicht Schwankungen in der Drehbewegung aus und unterstützt die gleichmäßige Drehung.

Die Form einer Kurbelwelle wird heute computergenau berechnet, um mit wenig Material eine leichte und haltbare Welle zu erhalten. Durch geringeres Motorgewicht wird das gesamte Fahrzeug leichter und verbraucht damit weniger Kraftstoff. Die Kurbelwelle von morgen kann man vielleicht schon aus dem Metall *Titan* oder einem harten Spezialkunststoff herstellen.

25

Wie funktioniert ein Automotor?

Einen Automotor kann man auch als *Verbrennungskraftmaschine* bezeichnen, bei der durch viele kleine Verbrennungen die Kräfte zum Fortbewegen des Autos erzeugt werden. Jede Verbrennung entspricht einer kleinen Explosion, die in den einzelnen Zylindern stattfindet.

Jede Explosion drückt den Kolben, der wie ein Korken im Zylinder steckt, nach unten. Diese Abwärtsbewegung entspricht der Kraft, mit der sich das Auto ein Stück nach vorne bewegt. Viele solcher Kraftstöße bewegen das Auto gleichmäßig vorwärts, ähnlich wie auf einem Roller, wo jeder Abstoß mit dem Fuß den Roller nach vorne bewegt. Wer mit dem rechten Bein fest auf dem Roller steht und sich mit dem linken Bein kräftig abstößt, kommt recht schnell ins Schwitzen. Jeder Abstoß kostet viel Kraft und Arbeit. So wie das Bein zum Abstoßen ausgestreckt wird, drückt der Kolben im Zylinder nach unten und dreht die *Kurbelwelle* ein Stück weiter. Da auch der Kolben dabei hart arbeitet, nennt man diesen Teil der Kolbenbewegung *Arbeitstakt*.

Bis der Kolben wieder arbeiten kann, muß er noch drei Schritte – *Takte* genannt – zur Vorbereitung durchführen. Zuerst müssen die bei der Verbrennung entstandenen Abgase durch den Auspuff des Fahrzeugs in die Luft abgegeben werden (*Auspufftakt*). Danach wird frische Luft und etwas Kraftstoff in den Zylinder gesaugt (*Ansaugtakt*). Damit eine Verbrennung entstehen kann, wird die Luft stark zusammengedrückt und erhitzt sich dabei auf über 500° C (*Verdichtungstakt*). Die meisten Automotoren arbeiten heute nach diesem sogenannten *Viertaktprinzip*.

Eine zweite Welle, die *Nockenwelle*, öffnet und schließt die Türen vom Zylinder, die der Fachmann *Ventile* nennt. Durch die Ventile strömt die alte Luft hinaus und die neue hinein. Während des Ansaugtaktes wird der Kraftstoff wie aus einem Wasserhahn für ganz kurze Zeit in den Zylinder gespritzt. Die Einspritzdauer, die manchmal nur eine tausendstel Sekunde beträgt, stellt der Fahrer mit dem Gaspedal ein. Tritt er das Gaspedal voll durch, wird am meisten Kraftstoff eingespritzt.

Die vier Takte eines Viertaktmotors und ihre Wirkung auf die Kurbelwelle (siehe auch Seite 13)

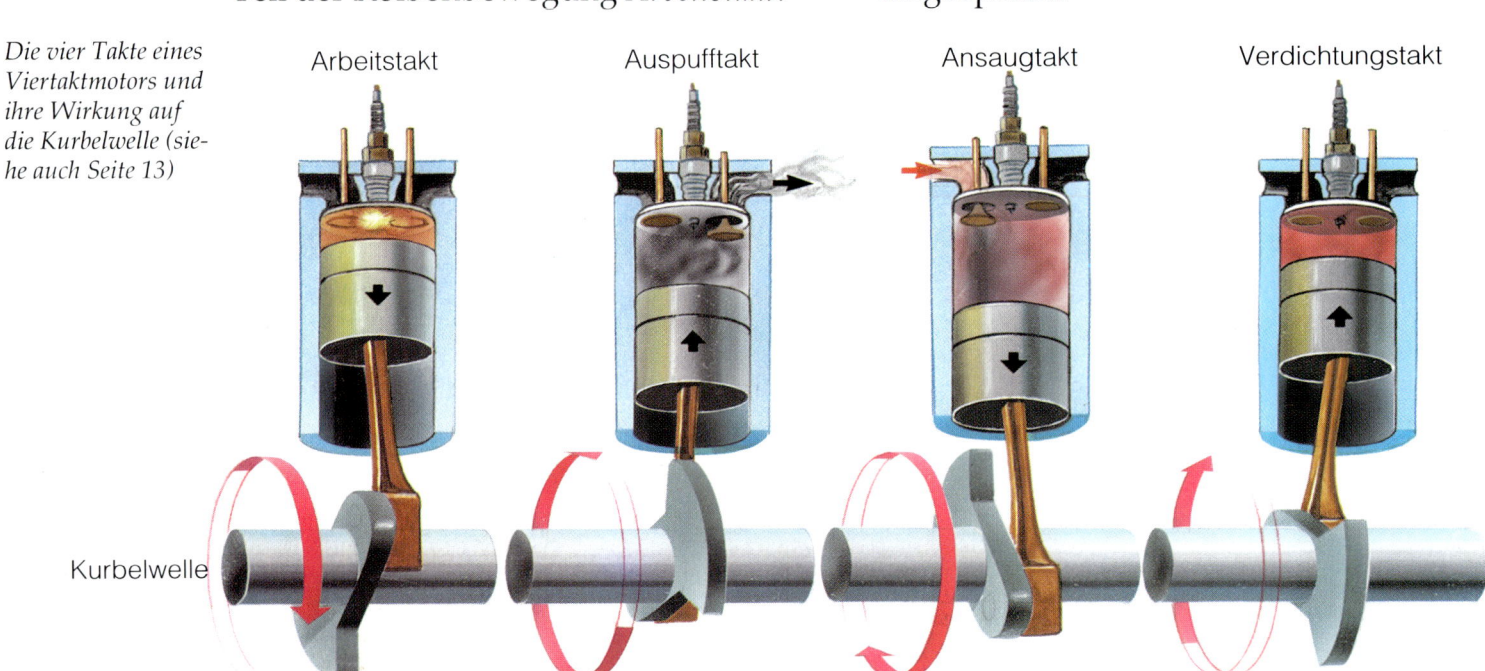

Arbeitstakt   Auspufftakt   Ansaugtakt   Verdichtungstakt

Kurbelwelle

Jede Verbrennung benötigt Luft

Die Luft, die wir atmen, besteht zu fast einem Viertel aus *Sauerstoff* (genau sind es 21 %). Dieser Sauerstoff ist für uns lebensnotwendig, er ist aber auch eine Grundvoraussetzung, damit eine Verbrennung entstehen kann. Bei einer Verbrennung wird der Sauerstoff der Luft von einem anderen Stoff aufgenommen. Diese Verbindung entsteht aber nur, wenn beide Stoffe sehr heiß sind. Bei jeder Verbrennung entstehen viele neue Stoffe, die *Abgase*. Außerdem wird sehr viel Energie freigesetzt, die in unserem Fall zur Bewegung des Kolbens genutzt wird. Fehlt einer Verbrennung der Sauerstoff, geht die Flamme aus, und die Verbrennung stirbt ab.

Wer ein großes Glas über eine kleine, brennende Kerze stellt und es unten gut abdichtet, kann diesen Vorgang selbst beobachten. Nach einigen Sekunden wird die Flamme immer kleiner und geht bald aus, weil der Sauerstoff der Luft unter dem Glas verbraucht ist.

Wie viele Zylinder hat ein Automotor?

Automotoren besitzen meist vier bis zwölf Zylinder, die sich die Arbeit gleichmäßig aufteilen. Auf einem langen Roller, auf dem vier Personen Platz haben, könnte man sich die Arbeit ebenfalls so aufteilen. Nachdem sich die erste Person am Boden abgestoßen hat, stößt sich die zweite ab, danach die dritte und danach die letzte. Dann fängt wieder die erste Person an und so weiter. Man kommt so viel schneller vorwärts, und der Schwung, den man beim Abstoßen erzeugt, ist noch nicht verbraucht, wenn der nächste schon wieder Schwung holt.

Deshalb laufen auch Motoren mit mehreren Zylindern wesentlich ruhiger, obwohl sie viel kraftvoller sind. Natürlich muß das Abstoßen auf dem Roller gut abgestimmt sein, damit man sich nicht gegenseitig tritt. Diese Abstimmung und Steuerung ist auch bei Motoren von großer Bedeutung. Die Reihenfolge der Arbeitstakte von jedem Kolben bestimmt die Kurbelwelle durch ihre seltsame Form. Eine zweite Welle, die sogenannte Nockenwelle, sorgt dafür, daß Kraftstoff und Sauerstoff immer zur richtigen Zeit in den Kolben gelangen können, der als nächster explosionsartig den Kraftstoff verbrennen soll.

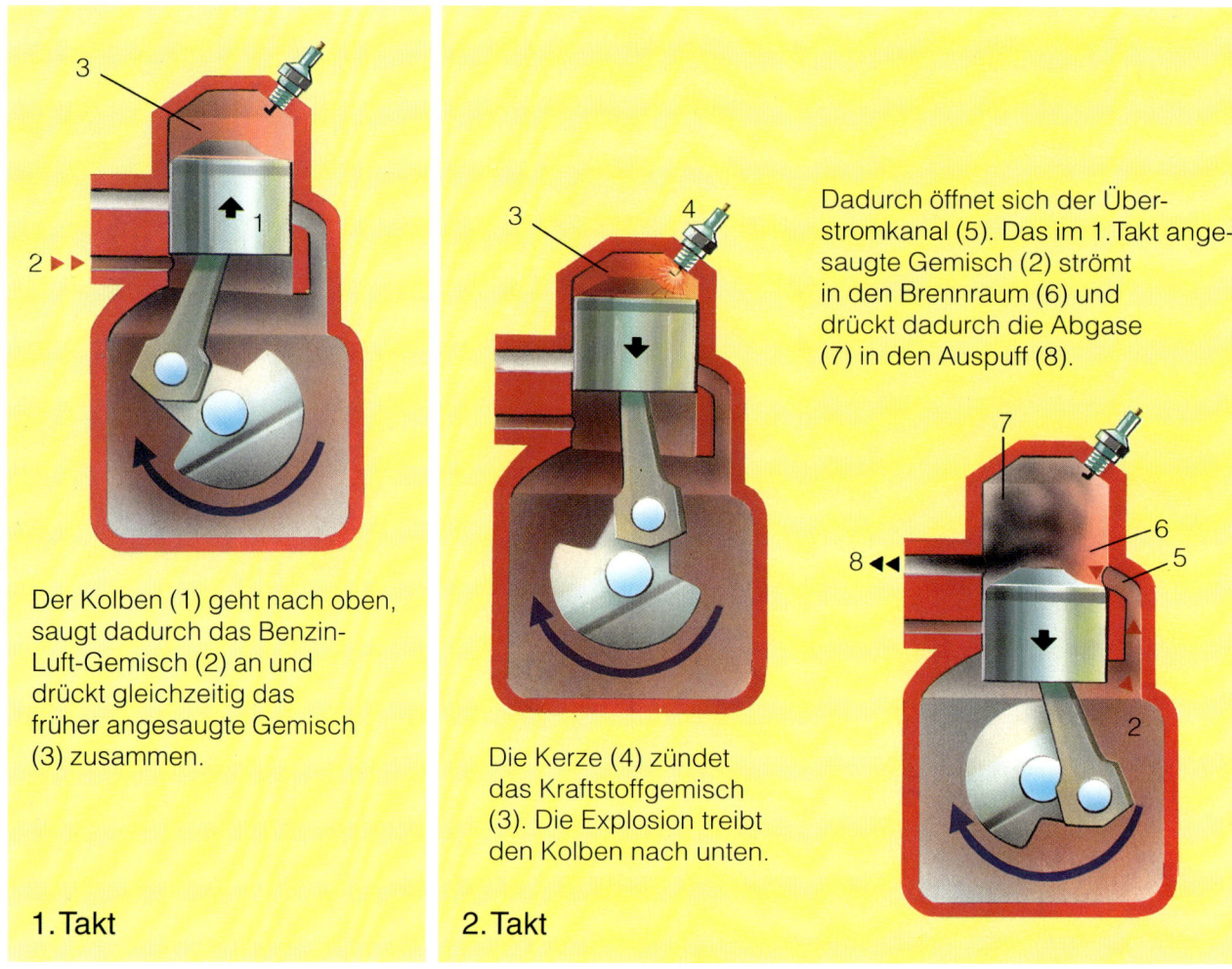

So funktioniert ein Zweitaktmotor.

Der Kolben (1) geht nach oben, saugt dadurch das Benzin-Luft-Gemisch (2) an und drückt gleichzeitig das früher angesaugte Gemisch (3) zusammen.

1. Takt

Die Kerze (4) zündet das Kraftstoffgemisch (3). Die Explosion treibt den Kolben nach unten.

2. Takt

Dadurch öffnet sich der Überstromkanal (5). Das im 1. Takt angesaugte Gemisch (2) strömt in den Brennraum (6) und drückt dadurch die Abgase (7) in den Auspuff (8).

Mit welchem Motor fahren die meisten Autos?

Die meisten Automotoren verbrennen als Kraftstoff Benzin in vier Takten. Diese Motoren werden *Ottomotoren* genannt, weil Nikolaus August Otto 1876 als erster einen Motor nach dem *Viertaktprinzip* zum Laufen brachte. Benzin gibt es in verschiedenen Formen, die unterschiedlich gut verbrennen. Das *Superbenzin* liefert bei der Explosion höhere Kräfte als das *Normalbenzin*. Die Motoren werden so entwickelt, daß sie nur bestimmte Benzinsorten vertragen.

Neben dem Viertaktprinzip gibt es Ottomotoren, die alle zwei Takte eine Verbrennung erzeugen. Diese sogenannten *Zweitakter* müssen beim Tanken etwas Öl mit dem Benzin vermischen, da sie keine gesonderte Ölwanne zur Schmierung der Kolben besitzen. Durch den einfacheren Aufbau des Motors konnten die bisher gebauten Zweitaktmotoren nicht so große Leistungen erzeugen. In der früheren *DDR* wurden bis zum Jahr 1990 noch viele Autos als Zweitakter gebaut (*Trabant* und *Wartburg*).

Nachteilig sind die stark riechenden Abgase des Zweitakters, die oft unverbranntes Benzin und Öl enthalten. Moderne Zweitaktmotoren behelfen sich hier mit verbesserten Ventilsteuerungen ähnlich dem Viertakter. In Zukunft wird der Zweitakter sicher wieder als Benzin- oder Dieselmotor eine größere Rolle spielen, da er grundsätzlich bei gleicher Leistung weniger Kraftstoff verbraucht als ein Viertaktmotor.

Welche Motorarten gibt es noch?

Den geringsten Kraftstoffverbrauch haben *Dieselmotoren*. Seit Rudolf Diesel 1884 die ersten Umdrehungen eines Dieselmotors feiern konnte, wurde diese Technik immer weiter verfeinert und verbessert. Etwa ein Drittel aller Autos fährt in Deutschland mit *Dieselkraftstoff*. Besonders Taxis und andere „Vielfahrer" bevorzugen den sparsamen und lange haltbaren Dieselmotor. Die neueste Entwicklung für das Auto ist der *direkteinspritzende Diesel (DI)*, der noch weniger Kraftstoff benötigt und dabei sehr hohe Leistungen hat. Bisher konnte man den DI nur in Lastkraftwagen und Bussen einsetzen.

Der Erfinder *Felix Wankel* (1902–1988) entwickelte 1954 den nach ihm benannten *Wankelmotor*. Im Wankelmotor gibt es keine auf- und abwärtsbewegenden Kolben mehr, sondern nur noch einen sich drehenden Kolben. Man nennt diesen Motor deshalb auch *Drehkolbenmotor*. Der Wankelmotor arbeitet nach dem Viertaktprinzip und verbrennt als Kraftstoff Benzin. Er hat einen sehr ruhigen Lauf, kann sehr hohe Drehzahlen erreichen, ist leicht und kompakt. Leider ist sein Kraftstoffverbrauch relativ hoch.

In Deutschland hat nur *NSU* in den Automodellen *Spider* und *RO 80* einen Wankelmotor mit bescheidenem Erfolg eingesetzt. In Japan hat vorwiegend *Mazda* jahrelang auf den Wankelmotor gesetzt und hatte 1978 schon über eine Million Stück davon eingebaut.

Wo sitzen die Zündkerzen?

Motoren für Normal- oder Superbenzin benötigen einen heißen Funken, um die Kraftstoffexplosion im Zylinder herbeizuführen. Der Funke wird elektrisch in einer *Zündkerze* erzeugt. In jeden Zylinder ist oben eine Zündkerze hineingeschraubt, die im Innern des Zylinders zwei kurze Drahtenden hat, *Elektroden* genannt. Das äußere Ende der Zündkerzen ist jeweils über einen Draht mit einer Box verbunden, die man *Zündverteiler* nennt.

Wird an den Draht für einige tausendstel Sekunden eine sehr hohe Spannung von über 20000 Volt angelegt, springt an den Drahtenden der Zündkerze ein Funke über. Der Funke ist über 2000° C heiß und zündet sofort den Kraftstoff im Zylinder. Die Zündverteilerbox liefert immer zum richtigen Zeitpunkt eine hohe Spannung an diejenige Zündkerze, die als nächste eine Explosion auslösen soll. Die elektrischen Leitungen zu den Zündkerzen sind besonders dick abgeschirmt, da die hohen Spannungen für den Menschen gefährlich sind.

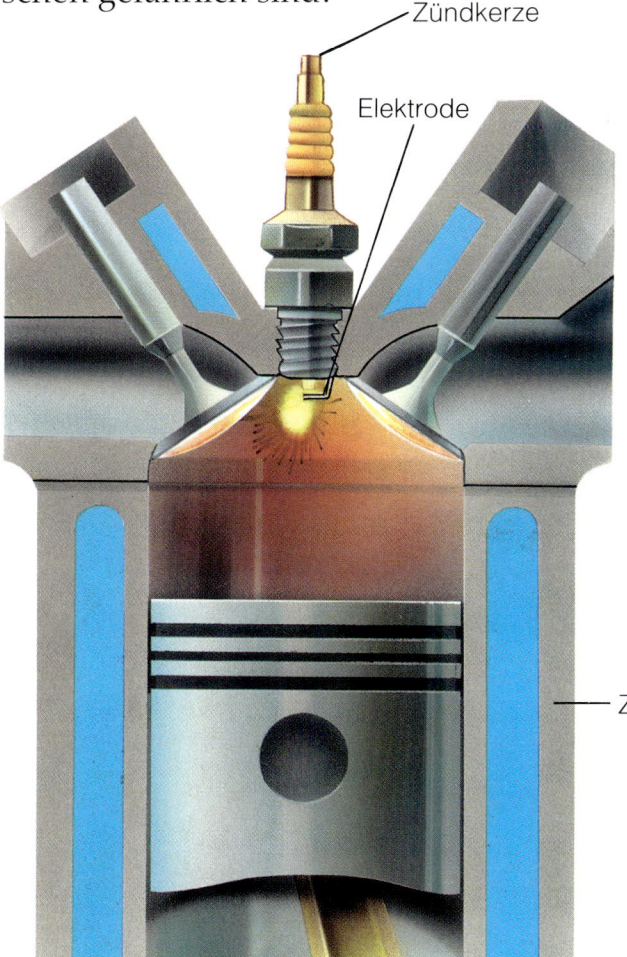

Der Funke an den Elektroden der Zündkerze ist über 2000° C heiß und zündet sofort den Kraftstoff im Zylinder.

Wie gelangt die Kraft des Motors auf die Räder?

Die Kraft eines Motors ist um so höher, je schneller sich die Kurbelwelle dreht. Eine schnell drehende Kurbelwelle wird durch sehr viele kleine Explosionen in den Zylindern erreicht. Die Kolben sausen dabei mehrere hundertmal in der Sekunde auf und ab und drehen die Kurbelwelle weiter. Bei einem normalen Auto dreht sich die Kurbelwelle höchstens 6000mal in der Minute. Bei Rennwagen können es mehr als doppelt so viele Umdrehungen sein. Die Angabe der Umdrehungen pro Minute (abgekürzt: *U/min*) bezeichnet man als die *Drehzahl* des Motors.

Die niedrigste Drehzahl und die geringste Kraft hat ein Motor im Leerlauf, etwa bei 800 U/min, wenn das Auto steht. Die Umdrehungen der Kurbelwelle werden über eine andere Welle (die *Gelenkwelle*) weitergeleitet. Wenn das Auto Heckantrieb und einen vorne eingebauten Motor hat, läuft die Welle längs unter dem Auto entlang. Bei einem Frontantrieb ist die Gelenkwelle sehr kurz. Die Drehung der Gelenkwelle wird über spezielle *Zahnräder* auf die *Antriebsachse* mit den beiden *Antriebsrädern* übertragen.

Im einfachsten Fall könnte man eine starre Antriebsachse verwenden, bei der beide Räder gleich schnell drehen. Doch dann würde das Auto in jeder Kurve wie ein Radiergummi um die Ecke geschoben. Bei einer Kurvenfahrt müssen nämlich die inneren Räder weniger Strecke zurücklegen als die äußeren, sie müssen sich also etwas langsamer drehen. Diese Differenz gleicht ein Ausgleichsgetriebe zwischen Gelenkwelle und Antriebswelle aus, das *Differential*.

Oben: Bei einer Kurvenfahrt müssen die inneren Räder weniger Strecke zurücklegen als die äußeren, sie müssen sich also etwas langsamer drehen. Diese Differenz gleicht ein Ausgleichsgetriebe zwischen Gelenkwelle und Antriebswelle aus, das Differential.

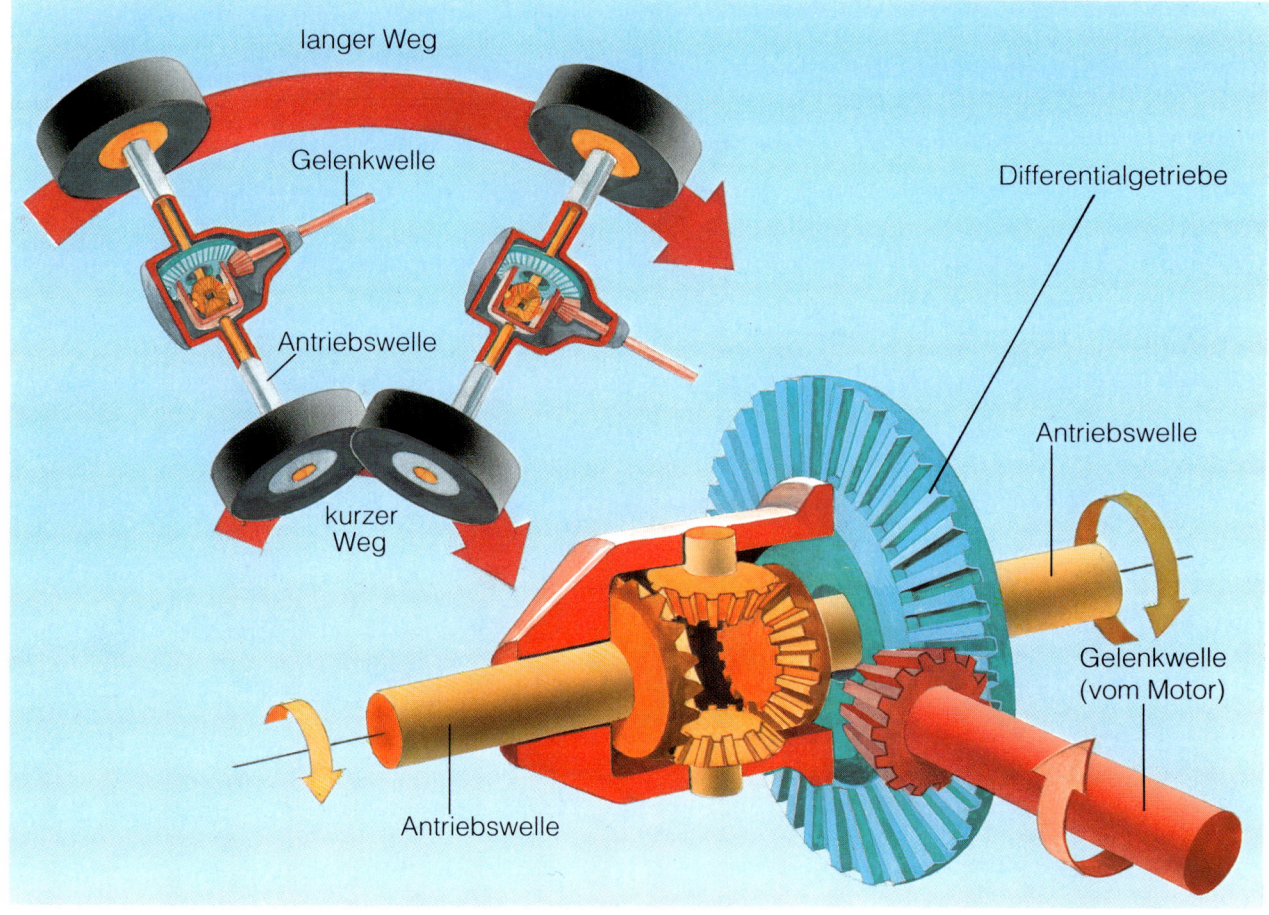

langer Weg

Gelenkwelle

Antriebswelle

kurzer Weg

Antriebswelle

Differentialgetriebe

Antriebswelle

Gelenkwelle (vom Motor)

Unten: Blick in ein Differentialgetriebe

30

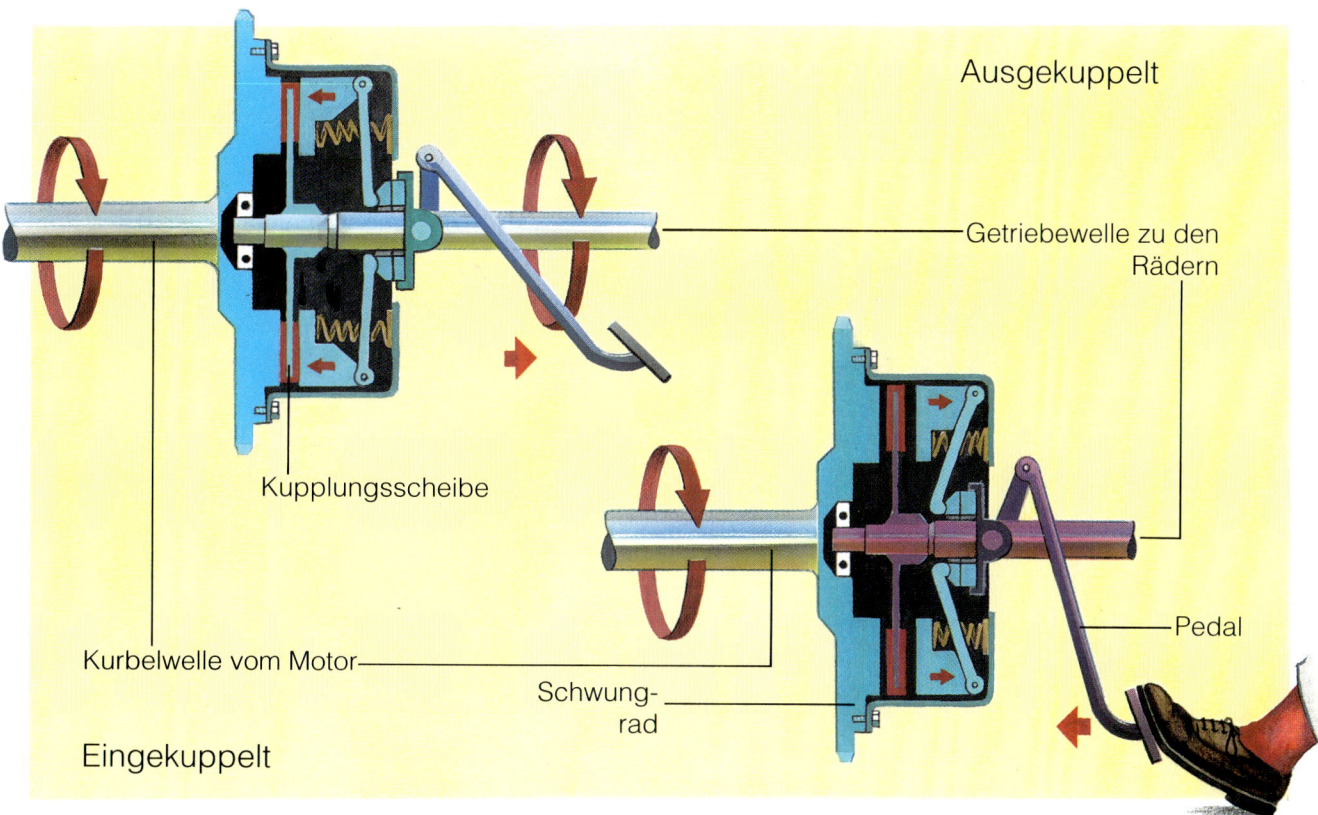

Ausgekuppelt

Getriebewelle zu den Rädern

Kupplungsscheibe

Pedal

Kurbelwelle vom Motor

Schwung-
rad

Eingekuppelt

Ausgekuppelt: Die Kupplungsscheibe drückt gegen das Schwungrad und stellt die Verbindung zwischen Motordrehung und Rädern her.
Eingekuppelt: Durch Treten des Kupplungspedals dreht sich der Motor getrennt von Rädern und Gelenkwelle.

Wie funktioniert eine Kupplung?

Die *Kupplung* besteht aus einer Scheibe, die gegen das Schwungrad gedrückt wird. Sie stellt die Verbindung zwischen der Motordrehung und der Bewegung der Räder her. Ob die Verbindung vorhanden oder getrennt ist, entscheidet der Fahrer durch das Treten des *Kupplungspedals.* Bei getretenem Kupplungspedal dreht sich der Motor getrennt von den Rädern und der Gelenkwelle. So kann das Auto langsam anhalten, die Räder stehen still, aber der Motor kann unabhängig weiterdrehen. Will der Fahrer wieder anfahren, dann hebt er langsam den Fuß vom Kupplungspedal, und die Motordrehung wird wieder auf die Räder übertragen. Der Fahrer kann nun Gas geben, der Motor dreht immer schneller, und das Auto bewegt sich mit immer höherer Geschwindigkeit.

Will der Fahrer in einen anderen Gang schalten, muß er dazu ebenfalls das Kupplungspedal treten, um die Verbindung zwischen dem Motor und den Rädern kurzzeitig zu unterbrechen. Ohne Kupplung könnte ein Auto nicht sanft anfahren und mit der Hand geschaltet werden. Autos mit automatischer Gangschaltung haben kein Kupplungspedal mehr.

Warum fahren manche Autos mit quietschenden Reifen an?

Das schwierigste am Autofahren ist der Übergang zwischen *Aus-* und *Einkuppeln.* Wird das Kupplungspedal zu schnell losgelassen, macht das Auto einen Sprung nach vorne. Ein kleiner Motor wird dabei meist abgewürgt und geht aus. Ein starker Motor zieht das Auto mit quietschenden und heißen Reifen auf und davon. Damit man auch ohne so einen „Kavalierstart" sanft anfahren kann, muß der Fuß langsam von der Kupplung genommen werden. Allerdings darf man die Kupp-

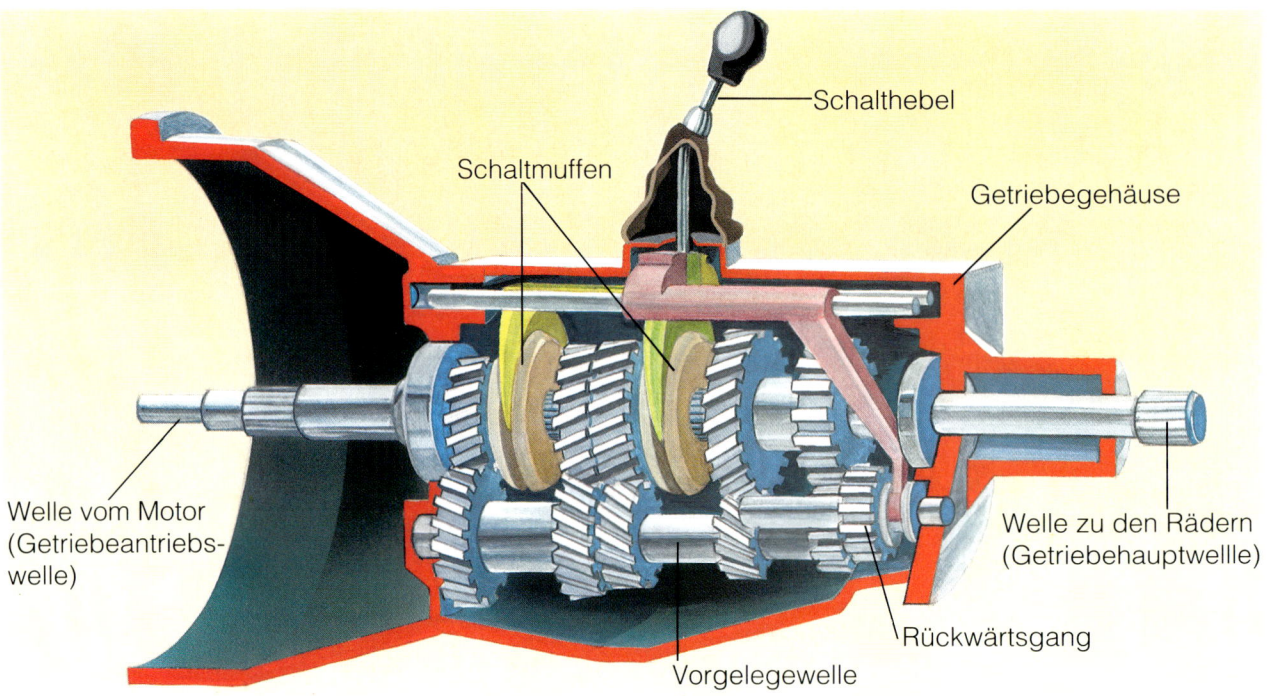

Schalthebel

Schaltmuffen

Getriebegehäuse

Welle vom Motor (Getriebeantriebs-welle)

Welle zu den Rädern (Getriebehauptwellle)

Rückwärtsgang

Vorgelegewelle

lung nicht zu lange bei halb getretenem Kupplungspedal schleifen lassen, da sie sonst schnell heiß wird und sich abnutzt.

Diesen Effekt kann man leicht durch Reiben der Hände aneinander nachvollziehen. Ähnlich den Kupplungsscheiben erzeugen die Handflächen beim Bewegen gegeneinander Reibungswärme.

Was ist ein Getriebe? Das *Getriebe* eines Autos funktioniert wie die Gangschaltung bei einem Fahrrad. So ähnlich, wie ein Radfahrer in die Pedale tritt, bewegen die Kolben die Kurbelwelle. Am Fahrrad gibt es ein großes Zahnrad auf der Pedalwelle, vergleichbar dem Schwungrad des Motors. Fährt der Radfahrer einen Berg hoch, ohne zu schalten, wird seine Geschwindigkeit geringer, und er muß immer langsamer und angestrengter in die Pedale treten. Wenn er sich mit ganzer Kraft in die Pedale stemmt und sich das Rad am Berg trotzdem nicht weiterbewegt, wird er absteigen. Wenn auch das Auto nicht mehr genug Kraft hat, weil es

am Berg immer langsamer wird, geht der Motor am Ende aus, falls der Fahrer nicht schaltet. Der Radfahrer hat das Problem, daß er immer in einem bestimmten Rhythmus in die Pedale treten muß, um nicht zu sehr zu schwitzen und trotzdem schnell voranzukommen. Bei einem Fahrrad ohne Gangschaltung geht einem am Berg bald die Kraft aus, weil man bei geringer Geschwindigkeit nur sehr langsam treten kann, dafür aber um so kräftiger in die Pedale treten muß. Geht es einen steilen Berg hinunter, kann man gar nicht schnell genug in die Pedale treten, um noch zusätzliche Kraft zu erzeugen, damit man noch schneller wird. In solch einem Fall hilft nur eine Gangschaltung.

Dem Motor geht es ähnlich. Seine stärkste Kraft, um ein Auto zu beschleunigen, entwickelt er zwischen 2000 und 4000 U/min. Das Getriebe ermöglicht es dem Fahrer, immer in einen Gang zu schalten, bei dem der Motor zwischen 2000 und 4000 U/min drehen kann. So fährt das Auto immer mit voller Kraft. Unser Fahrer hätte also am Berg herunterschalten müssen, als er merkte, daß das Auto langsamer wurde und die Drehzahl dadurch unter 2000 U/min absank. Denn in dem darunterliegenden Gang kann der Motor dann trotz der geringeren Geschwindigkeit wieder schneller drehen. Die meisten Autos haben vier bis sechs *Gänge* und einen *Rückwärtsgang.* Ein *Automatikgetriebe* wählt von selbst den günstigsten Gang für den Motor.

ne, beziehungsweise oben, liegen der 1. und der 3. Gang, unten der 2. und der 4. Gang. In der Mitte ist der *Leerlauf.* In dieser Stellung wird keine Kraft auf die Räder übertragen. Heute gibt es oft rechts neben dem „H" noch einen 5. und manchmal sogar einen 6. Gang. Den Rückwärtsgang kann man nicht durch einfaches Bewegen des Schalthebels in die mit „R" bezeichnete Position bringen, um nicht ungewollt plötzlich rückwärts zu fahren. Meist muß man gleichzeitig an dem Hebel ziehen oder ihn nach unten drücken.

Wie bewegt man den Schalthebel? | Über das Getriebe kann der Fahrer verschiedene Gänge einlegen. Wer die Gänge von Hand schaltet, muß dazu einen *Schalthebel* bewegen. Der Schalthebel hat am oberen Ende meist eine Kugel, die man mit der Hand umfassen kann. Auf der Kugel sind die einzelnen Gänge eingezeichnet. Bis in die achtziger Jahre hinein hatte die Mehrzahl der Autos nur vier Gänge.

Der 1. Gang wird zum Anfahren benutzt, die anderen Gänge legt man ein, wenn man höhere Geschwindigkeiten fahren möchte. Je mehr Gänge ein Auto hat, desto langsamer muß sich der Motor drehen, wenn man schnell fahren möchte. Dadurch spart man viel Kraftstoff. Die ersten vier Gänge sind in Form eines großen „H" angeordnet (*H-Schaltung*). Vor-

Ein Auto mit einem automatischen Getriebe hat nur einen sogenannten *Wählhebel.* Hier kann der Fahrer den Hebel auf die Position „D" bringen, in der er fahren kann, ohne schalten zu müssen. „D" steht für „Dauer". In der Position „P" wird das Auto geparkt. „N" heißt „Neutral" und entspricht dem Leerlauf, „R" ist der Rückwärtsgang. Wenn das Automatikgetriebe nur in den unteren Gängen fahren soll, weil der Motor sonst zuwenig Kraft hat, kann man den Wählhebel auf „1", „2" oder „3" stellen.

Was ist ein Armaturenbrett? | *Armaturen* nennt man die Bedienungselemente von Maschinen, zum Beispiel Schalter und Drehknöpfe. In den frühen Automodellen waren alle Schalter und auch die Anzeigeinstrumente übersichtlich auf einem Brett angeordnet. Das Brett befand sich unterhalb der Windschutzscheibe, hinter dem Lenkrad.

Der Platz ist auch bei den modernen Autos der gleiche geblieben, aber mittlerweile verwendet man kein einfaches Brett mehr. Das *Armaturenbrett* wird heute meist aus Kunststoff geformt; edlere Modelle haben Stoffbezüge oder Holzverkleidungen. Hinter dem Lenkrad, genau im Blickfeld des Fahrers, ist der *Ta-*

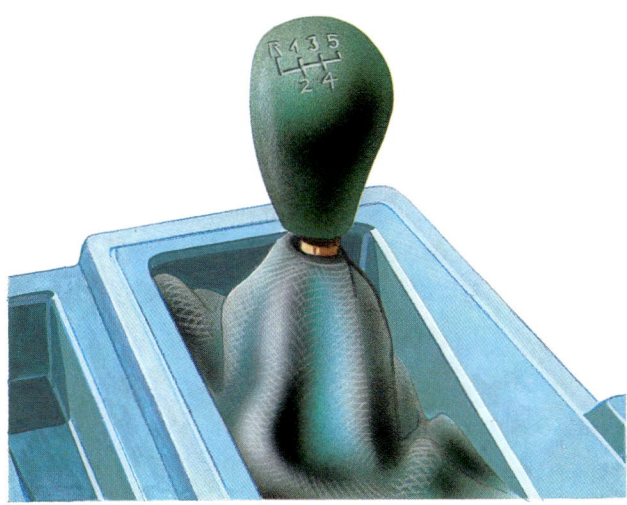

Schalthebel eines Wagens mit H-Schaltung

chometer eingebaut. Mit diesem Instrument wird die Geschwindigkeit des Autos angezeigt. Meist bewegt sich eine Nadel über mehrere Zahlenangaben hinweg, wie ein Uhrzeiger über das Zifferblatt. Die Geschwindigkeit wird in Europa meist in Kilometern pro Stunde (abgekürzt: *km/h*) angegeben. In anderen Ländern wie England und Amerika mißt man die Geschwindigkeit in Meilen pro Stunde (abgekürzt: *Mph*).

Manchmal ist im Armaturenbrett – auch *Cockpit* genannt – noch ein *Drehzahlmesser* eingebaut. An ihm kann die Drehzahl des Motors abgelesen werden. Zusätzliche Informationen, wie voll der Tank noch ist, welche Temperatur der Motor hat und welche Strecke schon gefahren wurde, bekommt der Fahrer ebenfalls ständig angezeigt.

Warum gibt es so viele Schalter im Auto?

Ein wichtiger Schalter im Armaturenbrett schaltet die *Scheinwerfer* und das *Rücklicht* ein, vorne weißes Licht und hinten rotes Licht. Die Franzosen hatten früher vorne gelbes Licht. Das Rücklicht ist immer rot, um einem herankommenden Auto zu signalisieren, daß sich jemand vor ihm befindet. Wenn die Straße nachts leer ist, kann der Fahrer das *Fernlicht* einschalten, um besser und weiter sehen zu können. Dadurch kann er Gefahrenstellen oder Tiere auf der Straße eher erkennen. Wenn andere Autos auf eine Gefahr hingewiesen werden sollen, kann der Fahrer die *Warnblinkanlage* einschalten. Dies geschieht über einen dicken roten Schalter mit einem kleinen Ausrufezeichen in einem Dreieck. Dann blinken alle gelben Lampen an den vier Ecken des Autos gemeinsam auf.

Drückt man kräftig auf eine bestimmte Stelle des Lenkrades, ertönt die *Hupe*. Wenn es regnet, gibt es einen *Scheibenwischer*, der über einen Schalter oder einen Schalthebel eingeschaltet wird. Der Scheibenwischer kann schnell oder langsam über die Windschutzscheibe wischen, je nachdem, wie stark es regnet. Zum Abbiegen nach links oder rechts muß der Fahrer den *Blinker* über einen Schalthebel neben dem Lenkrad einschalten. Es blinken dann rechts oder links die gelben Lampen am Fahrzeug auf, entsprechend der Richtung, in die man abbiegen möchte.

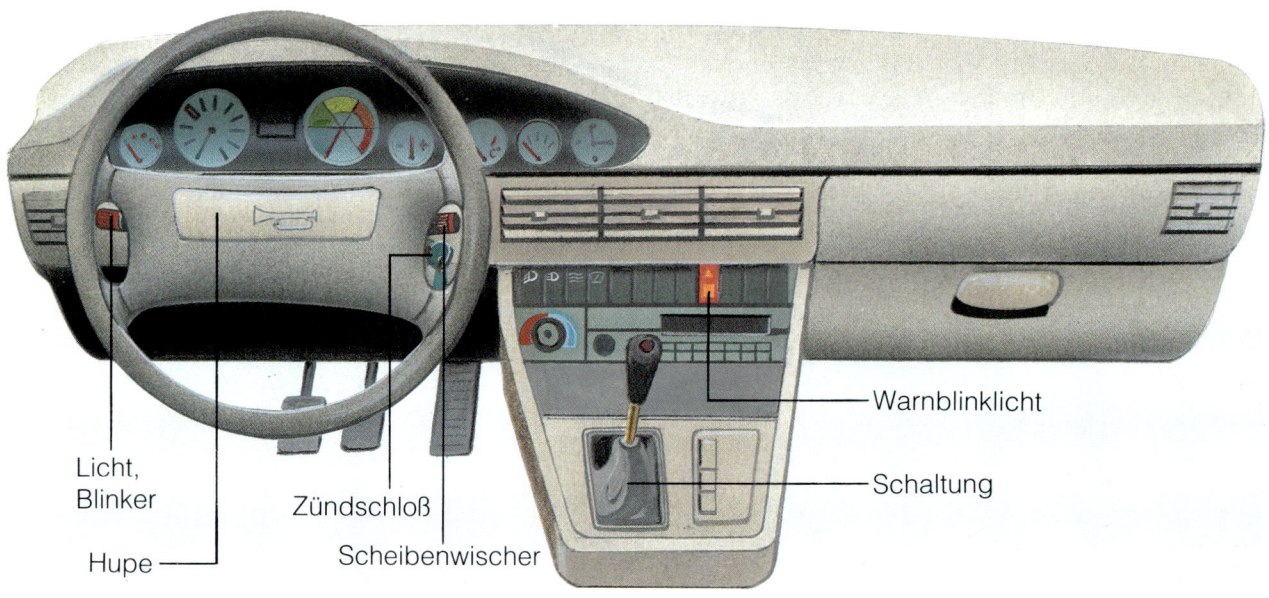

Licht, Blinker

Hupe

Zündschloß

Scheibenwischer

Warnblinklicht

Schaltung

Blick in ein Auto-Cockpit

Im Zündschloß steckt der Autoschlüssel.

Wozu ist das Zündschloß da?

Neben dem Lenkrad ist das *Zündschloß* angebracht, ein rundes Metallstück mit einem Schlitz darin. In den Schlitz muß der Fahrer seinen Autoschlüssel zum Starten des Wagens stecken. Jedes Auto hat einen eigenen Schlüssel, mit dem man die Türen öffnet und das Fahrzeug startet. Dadurch kann nicht jeder mit dem Auto des anderen fortfahren. In das entsprechende Zündschloß paßt nur der dazugehörende Schlüssel.

Dreht man den Schlüssel etwas nach rechts, schaltet man damit den Strom von der Batterie ein. So kann man Radio hören und die Scheinwerfer einschalten, ohne daß der Motor läuft. Dreht man den Schlüssel ganz nach rechts, schaltet man den *Startermotor* ein. Hierbei wird der Verbrennungsmotor für einige Umdrehungen vom Startermotor gedreht, bis er selbständig arbeitet. Sobald der Motor von selbst läuft, kann man den Schlüssel wieder loslassen. In dieser Position kann der Schlüssel nicht abgezogen werden. Erst wenn man den Schlüssel wieder nach links dreht, schaltet man damit den Motor ab und kann nun den Schlüssel abziehen.

Wie wird es warm und kalt im Auto?

Eine *Heizung* sorgt im Winter dafür, daß es im Auto schnell gemütlich warm wird. Ein *Ventilator* bläst warme Luft in das Innere des Wagens. Zur Erwärmung der Luft wird meist die Wärme des Motors genutzt, der schon nach einigen Kilometern Fahrt sehr heiß wird. Für die ersten Minuten bleibt es dann noch kalt im Auto, denn nur wenige Modelle haben eine elektrische Heizung, die sofort die Frischluft erwärmen kann.

Als besonderen Luxus gibt es beheizbare Vordersitze, die angenehm warm werden. Im Sommer heizt die Sonne das Innere eines Autos sehr stark auf. Temperaturen von über 70° C im Innenbereich des Autos sind keine Seltenheit. Gegen die Hitze kann man meist nur die Fenster herunterkurbeln, um den Fahrtwind zur Kühlung in das Innere zu lassen. Manche Autos haben ein Schiebedach, um den Fahrtwind auch von oben hineinzulassen. Spezielle Glasscheiben halten einen Teil der Sonnenstrahlung zurück und erwärmen den Wagen dadurch nicht so stark.

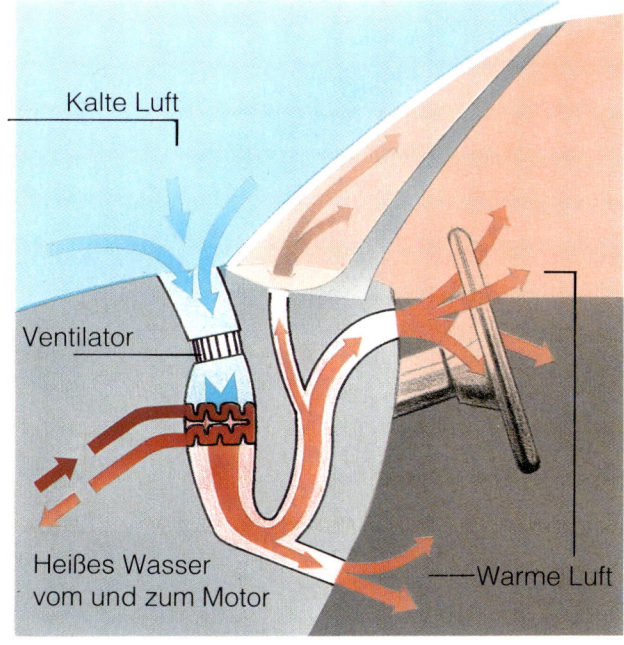

Kalte Luft

Ventilator

Heißes Wasser vom und zum Motor

Warme Luft

Die Heizung nutzt die Wärme des Motors bei der Umwandlung von kalter Luft in warme.

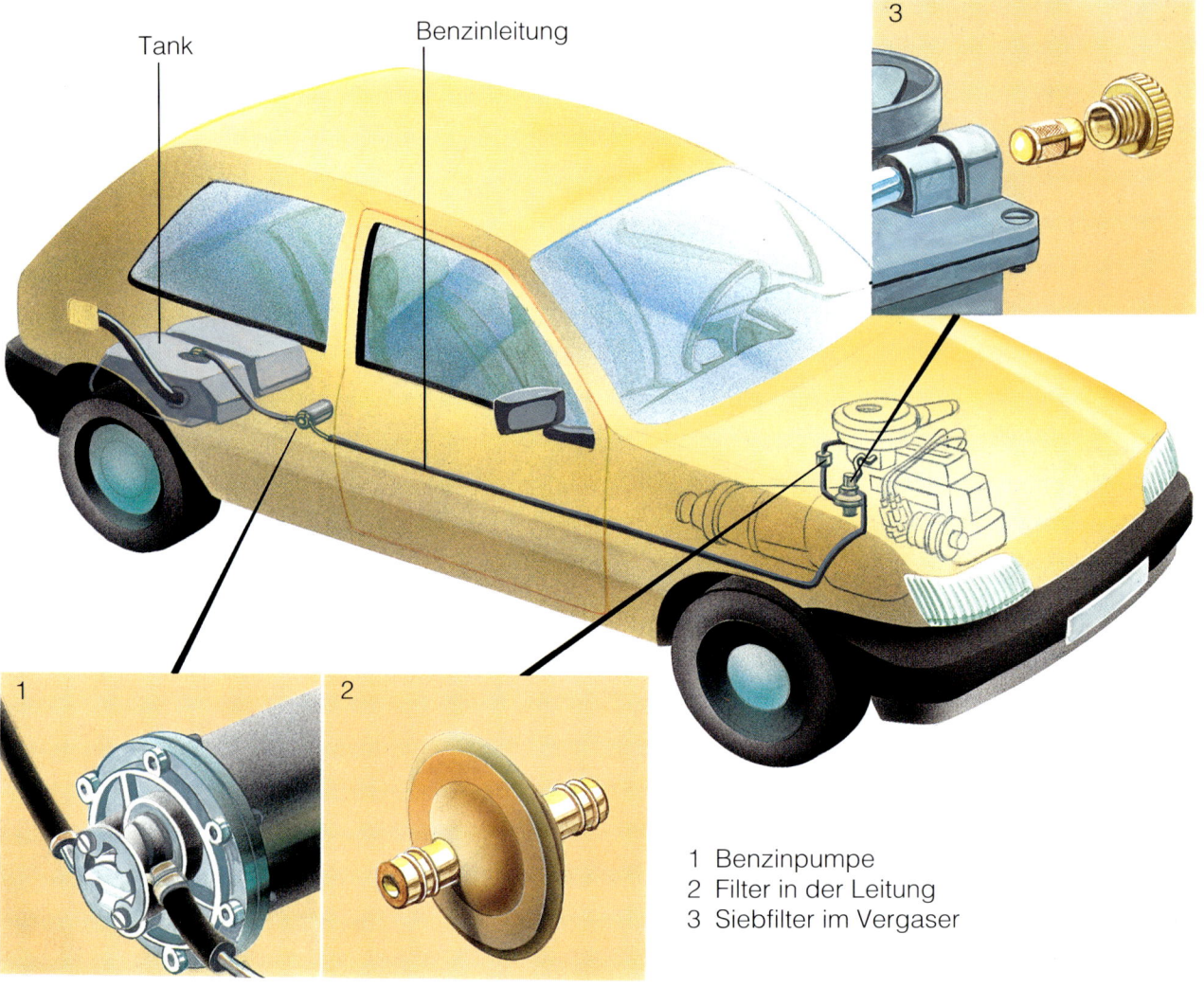

Vom Tank wird das Benzin über die Benzinpumpe (1) in den Motor geleitet. Dabei durchfließt das Benzin einen Filter in der Leitung (2) und den Siebfilter im Vergaser (3).

Tank

Benzinleitung

3

1

2

1 Benzinpumpe
2 Filter in der Leitung
3 Siebfilter im Vergaser

Wo sitzt der Tank des Autos?

Bei den Oldtimermodellen wurden die Behälter für den Kraftstoff ungeschützt in der Nähe des Motors angebracht. Doch schon bald erkannte man die Gefahr, die von einem *Tankbehälter* ausgehen kann. Wenn bei einem Unfall der Behälter beschädigt wird, läuft sofort Kraftstoff aus, der sich explosionsartig an den heißen Fahrzeugteilen entzünden kann. Deshalb sollte man zu einem verunglückten Auto immer einen großen Sicherheitsabstand einhalten.

Heute befindet sich der Kraftstofftank meist im hinteren Teil des Autos. Der Behälter ist aus bruchsicherem Kunststoff hergestellt und muß so angebracht sein, daß er bei einem Unfall nicht sofort zerdrückt wird. Über eine lange *Kraftstoffleitung* gelangt das Benzin oder der Diesel vom Tank zum Motor.

Neuer Kraftstoff wird über ein langes Rohr, den *Tankstutzen*, in den Tank gefüllt. Der Tankstutzen befindet sich meist an der linken oder rechten Seite des Wagens hinter dem *Tankdeckel* und ist mit einem *Tankverschluß* zugeschraubt. Die Größe der Öffnung stimmt genau mit der Größe des Zapfhahns an der Tanksäule überein, damit beim Tanken möglichst wenig Kraftstoff verlorengeht und wenig schädliche Dämpfe in die Luft entweichen können.

36

Berühmte Autos und Rekorde

Wer entwickelte den Käfer?

1934 wurde auf der *Berliner Automobilausstellung* die Entwicklung eines Autos für das ganze Volk angekündigt. Es sollte kein teurer Luxuswagen werden, sondern ein Wagen für jedermann, kurzum ein „Volkswagen". Als unabhängiger Ingenieur wurde *Ferdinand Porsche* 1934 mit der Entwicklung beauftragt.

Die ersten drei *Prototypen,* so nennt man die ersten funktionierenden Modelle, wurden in der Werkstatt von Porsches Villa in *Stuttgart* gebaut. Im Oktober 1936 wurden sie mehrere Wochen lang erprobt. Weitere Vorserienmodelle entstanden daraufhin in der Daimler-Benz-Werkstatt in *Zuffenhausen.* Doch erst drei Jahre später, im Herbst 1939, gingen die ersten Serienmodelle mit einem *Vierzylinder-Boxermotor* im Heck mit 17,3 kW vom Band. Während des Zweiten Weltkrieges wurden fast nur Modelle für Kriegszwecke gebaut.

Nach 1945 wurde das *Volkswagenwerk* in *Wolfsburg,* kurz *VW* genannt, mit Unterstützung der Engländer wieder aufgebaut und erweitert. Man erwartete von den neuen Modellen des Volkswagens keine starke Konkurrenz. Für britische Experten war der geplante Volkswagen in der Leistung und in der Qualität schlecht, viel zu häßlich und zu laut. Die britischen Experten sollten sich täuschen, denn der Volkswagen wurde der Renner in der Fahrzeugindustrie.

Ein Käfer aus den 80er Jahren und sein Vorläufer mit dem Brezelfenster

Wieso wurde der Käfer so berühmt?

Heinrich Nordhoff, seit 1948 VW-Generaldirektor, hat sich bis zu seinem Tode 1968 für seinen Volkswagen eingesetzt und ihn berühmt gemacht. Durch die käferähnliche Form erhielt das Auto sehr bald den Modellnamen *Käfer*. Dank ständiger Verbesserungen, bei fast gleichem Aussehen, konnten bis August 1955 eine Million Käfer verkauft werden.

„Und er läuft und läuft und läuft" – so hieß es in der Plakatwerbung für den Käfer. 100 000 km ohne nennenswerte Motorreparaturen waren für einen Käfer vollkommen normal. Erst nach dem Tode Nordhoffs wurde bei Volkswagen ein neues Modell vorgestellt.

Auch den bisherigen Verkaufsrekord von 15 007 033 verkauften *Ford T*-Modellen in Amerika durchbrach der Käfer im Jahre 1972. Seit 1978 wird der Käfer nur noch in Mexiko gebaut. Dort lief Ende Juni 1992 der einundzwanzigmillionste Käfer vom Band. Bis heute ist der Käfer das erfolgreichste Automodell der Welt.

Was ist ein Goggomobil?

Deutsche Autos nach dem Zweiten Weltkrieg waren geprägt vom Modell des Volkswagens Käfer. Die Nachkriegsautos durften nicht zu groß und zu teuer sein. Deshalb versuchten viele Automobilhersteller, ähnlich kleine und preiswerte Autos zu produzieren.

Die berühmtesten und kuriosesten Modelle entstanden bei der *Hans Glas Isaria Vertriebs KG*: die *Goggomobile*. Diese Kleinstautos fuhren mit ca. 10 kW durch die Straßen. Bei *BMW*, den *Bayerischen Motorenwerken*, baute man von 1955 bis 1962 den *Isetta-Kleinwagen*. Das Modell hatte seine Tür vorne, und beim Öffnen wurde die Lenksäule gleich mit weggeklappt. Trotz seiner 2,25 m langen, unvorteilhaften Birnenform wurde das Modell mit den knapp 9 kW Motorleistung sehr gut verkauft.

Die Firma *Messerschmitt* baute einen *Kabinenroller* für zwei hintereinandersitzende Personen, und auch der Kleinwagen Marke *NSU Prinz* wurde immerhin 665 000mal verkauft.

Der Messerschmitt-Kabinenroller wurde von 1953 bis 1962 gebaut.

Ein Mercedes 500 K aus dem Jahre 1934

Wo fuhr der Trabbi?

„*Trabbi*" ist die liebevolle Bezeichnung für den *Trabant,* den „Volkswagen" der ehemaligen DDR. Der Trabant 601 behielt seit seiner Modelleinführung 1958 das alte Gesicht, abgesehen von einigen äußerlichen Verbesserungen. Die Karosserieaußenteile bestanden zum größten Teil aus *Duroplast,* einem leichten Kunststoff. Rostprobleme gab es deshalb weniger als bei aus Stahlblech gewalzten Karosserien. Der Motor war ein Zweitakter, der mit einem Benzin-Öl-Gemisch zu betanken war.

Das Geknattere der Zweitakter und der spezielle Duft der Abgase waren in der ehemaligen DDR allgegenwärtig. Wer in der DDR lebte, mußte seinen Trabbi mehrere Jahre im voraus bestellen. Seit Öffnung der Grenzen im Jahre 1989 sank der Preis für einen Trabant sehr stark. Man konnte sofort einen Trabbi bekommen, doch viele wollten den lauten und harten Trabant aus Zwickau noch nicht einmal als Geschenk haben. Zukünftig wird der Trabbi vielleicht wieder in einigen Entwicklungsländern gebaut werden. Aus dem Straßenbild in Deutschland ist er zunehmend verschwunden.

Welche Autos sind am teuersten?

Am meisten Geld zahlen Autosammler für alte Autos. Den teuersten *Oldtimer* hat sich der amerikanische Millionär *Bill Tishman* nachbauen lassen: einen französischen *Bucciali* aus dem Jahre 1931 für 1,1 Millionen DM. Wirklich alt ist der Spezialroadster *500 K* von *Mercedes* aus dem Jahre 1934, für den Liebhaber über 900 000 DM hinblättern.

Nicht ganz so alt ist der *Phantom VI Landaulett* von der britischen Nobelmarke *Rolls-Royce.* Das Fahrzeug wurde 1977 für 335 000 DM an einen unbekannten Millionär geliefert. Nur 350 Exemplare wurden von dem eleganten *Jaguar XJ 220* im Sommer 1992 gebaut. Der Einzelpreis für ein solches Auto liegt bei 1,2 Millionen DM.

Welche sonderbaren Autos gibt es?

Ausgefallene Sonderkonstruktionen sind ebenfalls sehr teuer. So hat sich ein Amerikaner für Film- und Showauftritte das längste Auto der Welt bauen lassen. Es hat 26 Räder, ist 30,48 m lang und enthält unter anderem einen Swimmingpool mit Sprungbrett und ein riesiges Wasserbett.

Der Jaguar E gilt als der berühmteste Sportwagen aller Zeiten.

Das Auto läßt sich auch in der Mitte teilen und dann in verkürzter Version fahren.

Das wohl schwerste Auto mit dem stärksten Motor ist ein *Jameson-Merlin.* Der gewaltige Rolls-Royce-Motor leistet 1300 kW. Obwohl der Wagen mit seinen 2690 kg doppelt soviel wiegt wie ein normales Auto, erreicht er eine Spitzengeschwindigkeit von 298 km/h. Der 272-Liter-Tank ist dafür nach 485 km leer: Der Wagen frißt über 56 Liter auf 100 km.

Was ist ein Jaguar E-Typ? Man kann ihn als den berühmtesten Sportwagen aller Zeiten bezeichnen. Die ersten Modelle dieses zweisitzigen Rennwagens für den Normalgebrauch aus Coventry, England, wurden 1961 vorgestellt. Der E-Typ hatte eine schöne, grazile Form mit langem Vorbau, war preiswert und sehr schnell. Die sechs Zylinder des 3,8-l-Motors hatten so viel Kraft, daß die Jaguar-Nase noch bei 160 km/h durch die große Beschleunigung elegant angehoben wurde.

Die Spitzengeschwindigkeit lag immerhin erst bei 240 km/h.

Die erste Produktionsreihe bis 1969 wurde als Roadster mit Faltdach und als geschlossenes Coupé gebaut. Ab 1964 erhielt die *Serie 1 E-Typ* einen neuen 4,2-l-Motor. Die *Serie 2* wurde ab 1969 für den amerikanischen Markt umgebaut, wohin schon recht früh die meisten Autos verkauft wurden. Eine neue Abgasgesetzgebung verlangte vom Jaguar neue Motortechnik mit weniger Abgasen. Die Form der Karosserie, Scheinwerfer und andere Dinge wurden ebenfalls für den amerikanischen Markt geändert. Der *Jaguar E-Typ* wurde langsamer und bedächtiger, bis die *Serie 3* mit zwölf Zylindern ihm wieder die alte Kraft verlieh.

Strengere Sicherheitsvorschriften in Amerika und das neue Jaguar-Modell *XJ 12* veranlaßten die Firma Jaguar Anfang 1974 zur Einstellung der Produktion des E-Typs. Seitdem reißen sich Liebhaber um den E-Typ, natürlich für absolute Höchstpreise.

Wie schnell können Autos fahren?

Bis 1899 hielten es die Menschen für unmöglich, Geschwindigkeiten über 100 km/h mit einem Automobil zu schaffen. Erst dann gelang es dem Belgier *Camille Jenatzy*, mit einem stromlinienförmigen Elektrofahrzeug die Rekordmarke von 105,88 km/h zu erreichen. Sein Rekord konnte erst 1904 von einem Benzinmotorwagen gebrochen werden. Die Benzwerke konstruierten 1909 den berühmten *Blitzen-Benz*, der in seiner letzten Ausführung 147 kW an Leistung aufwies. *Bob Burman* stellte mit ihm 1911 in den USA den Rekord von 228,1 km/h über eine Meile (= 1,609 km) auf. Dieser Rekord konnte 13 Jahre lang nicht gebrochen werden.

Selbst Dieselfahrzeuge sind schneller, als man es ihnen zutrauen möchte. Mercedes ließ unter die berühmte Motorhaube des *C 111* einen Dieselmotor mit 3 l Hubraum einbauen. Mit diesem C 111/III wurde am 30. April 1978 eine Geschwindigkeit von 327,3 km/h auf der Hochgeschwindigkeitspiste im süditalienischen *Nardo* gemessen.

Spitzengeschwindigkeiten können heute nur noch auf sehr langen und ebenen Strecken erzielt werden. *Bonneville* ist so eine Rekordrennstrecke auf einem der trockenen Salzseen im amerikanischen Bundesstaat *Utah*. Fahrzeuge wie das Raketenauto *Blue Flame* (zu deutsch „Blaue Flamme") erreichten hier in den achtziger Jahren Geschwindigkeitsrekorde mit über 1000 km/h. Auch auf dem Luftwaffenstützpunkt Edward in Kalifornien (USA) erreichte ein Raketenauto, die *Budweiser Rocket*, eine Rekordgeschwindigkeit von 1190,377 km/h. *Maverick*, das schnellste Auto mit einem Rolls-Royce-Düsenantrieb, wurde 1993 von dem Formel-1-Rennstall *McLaren* gebaut. Das 14 Meter lange Geschoß erreicht eine Geschwindigkeit von 1600 km/h. Selbst der Schall legt in einer Stunde nur etwa 1200 km zurück.

Am 17.12.1979 erreichte Stan Barrett mit seiner „Rocket" auf dem Luftwaffenstützpunkt Edward, Kalifornien (USA), eine Spitzengeschwindigkeit von 1190,377 km/h.

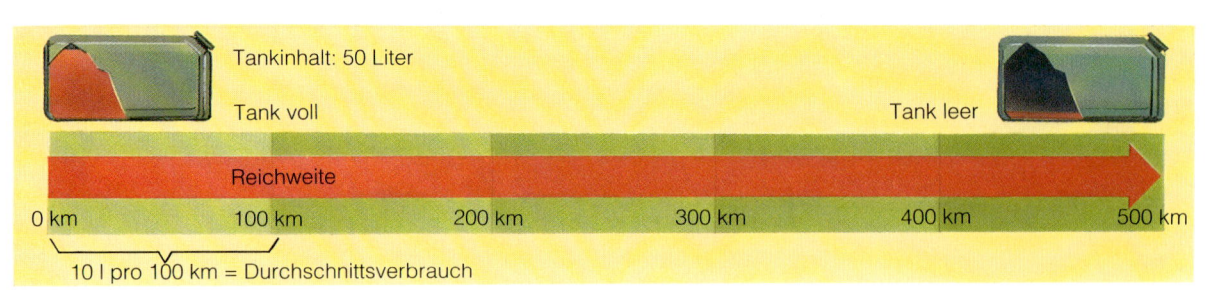

Tankinhalt: 50 Liter

Tank voll

Tank leer

Reichweite

0 km 100 km 200 km 300 km 400 km 500 km

10 l pro 100 km = Durchschnittsverbrauch

So wird die Reichweite eines Autos berechnet

Hat ein Auto zum Beispiel einen 50-Liter-Tank und verbraucht es 10 Liter Benzin auf 100 km, dann ist der Tank nach 500 km leer. Diese 500 km nennt man auch *Reichweite*. Sie errechnet sich aus (Tankinhalt: Durchschnittsverbrauch) × 100 km. Siehe dazu auch die Abbildung oben.

Die Reichweite ist in Europa nicht lebenswichtig, da es sehr viele Tankstellen gibt, wo Benzin nachgefüllt werden kann. Wer aber mit seinem Auto eine Wüstendurchquerung machen möchte, muß schon sehr genau nachrechnen. Wenn die Reichweite des Autos kleiner ist als die Entfernung zur nächsten Tankstelle, dann sollte man sich genug Reservekanister mitnehmen. Auch wer auf „Reserve" fährt, kommt meist schnell ins Schwitzen. Der rote Reservebereich der Tankanzeige bedeutet oft, daß nur noch maximal zehn Liter im Tank sind. Wer dann ein durstiges Auto fährt mit 20 Litern Verbrauch, muß nach 50 km schieben.

Wie weit kommt man ohne Tanken?

Bei jeder Urlaubsreise mit dem Auto warten die Beifahrer sehnsüchtig auf die nächste Tankpause – endlich wieder die Beine vertreten. Manche Familie „darf" schon nach 300 km an die Zapfsäule fahren, andere fahren über 1000 km mit einer Tankfüllung. Zwei Größen sind dafür entscheidend: der durchschnittliche Benzin- oder Dieselverbrauch des Motors für eine 100 km lange Fahrtstrecke (Liter/100 km) und die Größe des Tankinhaltes.

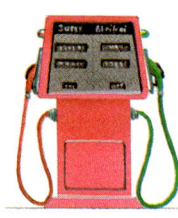

Autos mit Benzinmotor verbrauchten 1982 im Durchschnitt 10,9 l/100 km. Moderne Wagen liegen heute bei einem durchschnittlichen Verbrauch von etwa 7 l. Der Diesel war immer schon einige Liter günstiger. Heute erreicht man mit neuesten elektronischen Diesel-Einspritzsystemen Verbräuche um 5 l/100 km. Ziel sollen zum Jahre 2000 Verbrauchswerte um 3 l auf 100 km sein.

Was sind die sparsamsten Autos?

Sparmobile sind sehr leichte Fahrzeuge mit mindestens drei Rädern und einer stromlinienförmigen Leichtbaukarosse. Konstruiert werden sie, um zu sehen, wie weit man mit einem Liter Kraftstoff kommt. Ein japanisches Sparmobil erzielte am 30. Juni 1988 in *Silverstone* (England) einen Rekord von 2269 km mit einem Liter. Das entspricht einem Verbrauch von nur 0,044 l/100 km!

Auch normale Autos können sehr sparsam sein. *Citroën* konnte 1993 einen Serienwagen mit Dieselmotor vorstellen, der bei bestimmten Geschwindigkeiten weniger als 3 l auf 100 km verbraucht. Schon 1989 schaffte es ein normaler *Audi 100 TDI* mit einem 2,5-l-Direkteinspritzer, bei einer Durchschnittsgeschwindigkeit von 60,24 km/h mit nur 1,76 l/100 km auszukommen. Das Auto wog immerhin 1490 kg.

42

Motorsport und Rallyes

Wann gab es das erste Autorennen? In *Frankreich* waren die Menschen begeistert vom Automobil und entdeckten bald ihre Leidenschaft für Autorennen. 1894 wurde der erste Wettbewerb ausgeschrieben, bei dem es neben der Geschwindigkeit um die Sparsamkeit, Bequemlichkeit und die Sicherheit der Wagen ging. 21 Wagen nahmen an der 126 km langen Fahrt von *Paris* nach *Rouen* teil. Die Durchschnittsgeschwindigkeiten waren damals nicht höher als beim Fahrradrennen: 18 km/h.

Als erstes Geschwindigkeitsrennen ging die Marathonfahrt zwischen *Versailles* (bei Paris) und *Bordeaux* in die Geschichte ein. Das erste Mal wurde die 1200 km lange Strecke durch Frankreich vom 11. bis 13. Juni 1895 ohne Pause gefahren. *Émile Levassor* ging mit einem 3 kW starken Daimlermotor mit 2400 cm^3 Hubraum und 24 km/h Durchschnittsgeschwindigkeit als erster durch das Ziel. An der Ausscheidung nahmen neben Benzinmotoren auch sechs Dampfmotoren und ein Elektromotor teil.

Das erste Straßenrennen in Deutschland wurde von *Berlin* nach *Potsdam* und zurück am 24. Mai 1898 durchgeführt. 13 Fahrzeuge nahmen an dem 54 km langen Rennen teil. Der schnellste Wagen war nach zwei Stunden und acht Minuten im Ziel.

Szene aus dem Rennen Paris–Bordeaux von 1895 (nach einem alten Stich)

Was für eine Bedeutung hatten früher die Autorennen?

Man kann sagen, daß erst durch die frühen Straßenrennen das Automobil zu seinem Ruhm gekommen ist. Ohne diese Rennen hätten sich die Menschen nicht so sehr für die Fortschritte dieses neuartigen Gefährtes interessiert. Nach dem ersten Rennen von und nach Paris 1895 folgten weitere Rennen, und Paris wurde ein populärer Austragungsort. Gab es 1890 nur Benz-, Daimler- und Peugeot-Fahrzeuge auf dem Markt, konnten die Franzosen 1899 schon unter 75 Fahrzeugherstellern wählen. Die neueste Motorentechnik wurde bei den Rennen getestet, und Frankreich entwickelte sich durch seine Rennveranstaltungen zum Marktführer im Automobilbau.

Deutsche Hersteller mußten auf französische Lizenzen zurückgreifen – bis 1901 der *Mercedes* auf den Rennpisten auftauchte. In diesem Jahr konnte der erste Mercedes-Rennwagen mit einer Leistung von 25,7 kW in der Rennwoche von Nizza neben weiteren Daimlerfahrzeugen siegen. Der Name „Mercedes" spielte von da an eine führende Rolle im Motorsport. Der Entwickler war *Wilhelm Maybach*, der von *Emil Jellinek* (1853–1918) zum Bau eines leichten Rennwagens angespornt wurde. Der Wagen wurde nach Jellineks Tochter *Mercédès* benannt. 1903 siegte Camille Jenatzy in dem 4. *Gordon-Bennet-Rennen* auf einem Mercedes mit 44 kW und dem typischen Wabenkühler, den Maybach bei Daimler entwickelt hatte.

In Deutschland wurden Rennen in den Jahren von 1930 bis etwa 1940 hauptsächlich veranstaltet, um im Ausland als Autofirma zu mehr Ruhm zu gelangen. Der Absatz im eigenen Land konnte durch Rennerfolge jedoch kaum erhöht werden. Auch Firmen wie *Opel* oder *Ford* verkauften in Deutschland gut, obwohl sie nicht im Rennsport mitwirkten.

Ein Mercedes beim Rennen in Nizza im Jahre 1901

Eine Rennszene aus den 30er Jahren: ein Rennwagen der Auto Union im Kampf mit einem Mercedes W 25 (hinten)

Wann gab es in Amerika die ersten Autorennen?

In Amerika gab es im 19. Jahrhundert schon wesentlich mehr Automobile als in Europa. Die neuen motorisierten „Kutschen" verdrängten besonders in den Großstädten die Pferdefuhrwerke. Die Zeitung *Chicago Times Herald* organisierte 1895 das erste Automobilrennen in den Vereinigten Staaten. Am Start waren drei technisch veränderte Benzfahrzeuge, zwei Elektrowagen und *Frank Duryea* mit einer eigenen Konstruktion. Duryea gewann das 87 km lange, winterliche Rennen mit einer Durchschnittsgeschwindigkeit von 8,38 km/h.

Das Rennen spornte so berühmte Leute wie *Henry Ford* (Ford) oder *Ransom Eli Olds* (Oldsmobile) zum Bau von eigenen Motorwagen an und startete die Automobil-Ära in den USA. Seitdem veranstalteten alle Automobilhersteller mehr als einmal ein „Transcontinental"-Rennen quer durch Amerika, um zu beweisen, wie gut ihre Autos sind. Jeder Sieg wurde werbewirksam genutzt, um noch mehr Autos zu verkaufen.

Was sind Silberpfeile?

Bis 1934 lagen die italienischen Rennwagen von *Alfa Romeo, Bugatti* und *Maserati* an der Spitze des Motorrennsports. 1932 schlossen sich in Deutschland die Automobilfirmen *DKW, Wanderer, Audi* und *Horch* zur *Auto Union AG* zusammen. Ferdinand Porsche schickte der Auto Union 1933 seine Konstruktion des Rennwagens *Typ P*. Das Fahrzeug war nach völlig neuen technischen Gesichtspunkten entworfen. Der

Der Mercedes W 25 aus den 30er Jahren, einer der berühmten Silberpfeile

Motor lag hinter dem Fahrer und nicht wie üblich über der Vorderachse. Dadurch umging Porsche die hohen Übertragungsverluste durch eine lange Antriebswelle von vorne auf die Hinterräder. Mit dem hinten liegenden Motor ging das Fahrzeug leicht in die Kurven, hatte aber Probleme bei der Geradeausfahrt, da zuwenig Gewicht auf den Vorderrädern lag.

Der neue Typ P sollte zum ersten Mal bei einer neuen Rennformel mitfahren, bei der die Wagen maximal 750 kg wiegen durften. Bei der Überprüfung der Rennwagen wog der Typ P der Auto Union einige Gramm zuviel. Ferdinand Porsche nahm daraufhin sein Taschenmesser und kratzte die für Deutschland vorgeschriebene weiße Rennfarbe ab. Ohne Farbe wog der Typ P genau 750 kg, strahlte aber nun im blitzenden Silber der nackten Karosserie. Die Rennkommission ließ sich von der Ähnlichkeit zwischen Weiß und Silber überzeugen. Silber blieb von da an die Rennfarbe Deutschlands, weshalb die Fahrzeuge *Silberpfeile* genannt wurden. Der Auto-Union-Rennwagen vom Typ P konnte mehrere Weltrekorde und Siege bei Großen Preisen einfahren. Berühmte Piloten wie *Hans-Joachim Stuck sen., Achille Varzi, Bernd Rosemeyer* und *Tazio Nuvolari* steuerten in den 30er Jahren den Typ P.

Bis 1939 gab es nur einen Rennwagen, der fast gleich schnell war und der ebenfalls aus Deutschland kam. Es war der *Mercedes W 25* mit seinen Folgemodellen. Mercedes setzte auf die bewährte Frontanordnung des Triebwerks, wo Motor und Getriebe über der Vorderachse sitzen. Beide Rennwagen, der Typ P und der Mercedes W 25, lieferten sich vor den abgeschlagenen Fahrern der anderen Nationen oft packende Wettrennen, und so entstanden viele Geschichten um die unschlagbaren Silberpfeile.

Haben Rennwagen besondere Farben?

In den frühen Rennen ließen sich die Fahrzeuge durch die verschiedensten Karosserieformen gut unterscheiden. Teilnehmen konnte im Prinzip jedes Fahrzeug und jeder Fahrer mit dem ausreichenden Mut. Die Teilnehmer mußten sich allerdings an die Richtlinien halten, die manchmal nur Wagen mit vier Sitzen zuließen oder nur Elektro- oder Benzinmotorwagen.

Um 1900 legte der Amerikaner *James Gordon Bennett*, Herausgeber der Zeitung *New York Times*, für seine Rennen Nationalfarben für die Teilnehmer aus den verschiedenen Ländern fest. Jedes Land mußte seine Wagen in einer anderen Farbe lackieren, damit sie besser voneinander zu unterscheiden waren.

England erhielt einen grünen Anstrich, Amerika begann mit Rot, Frankreich Hellblau, Belgien Gelb, und die deutsche Rennfarbe war anfangs Weiß. Später erhielt Italien Rot als Nationalfarbe. Die deutschen Wagen gingen ab den dreißiger Jahren mit silberner Farbe an den Start der Rennen.

Gibt es verschiedene Gruppen im Motorsport?

Als die Motoren immer größer wurden und die Fahrzeugtechnik immer ausgeklügeltere Modelle entwickelte, entstanden die ersten Gruppeneinteilungen im Motorsport. Damit konnten auch Fahrzeuge kleinerer Leistung in einer gemeinsamen Gruppe antreten, bei der alle Fahrer mit gleichen Voraussetzungen an den Start gingen.

Heute gibt es im Motorsport mehrere *Gruppen*, deren Einteilung davon abhängt, wie viele gleichartige Motoren in einem Jahr produziert werden. Die Motoren dürfen nur in genau der Form verwendet werden, wie sie der Hersteller auch für hundert andere Kunden gebaut hat. Ein Motor, der sehr oft gebaut wird, also ein Serienmotor, ist meist aus preiswerten Materialien hergestellt und wird in der Leistung etwas gedrosselt, damit er länger hält und sparsamer im Verbrauch ist. Man kann einen Serienmotor zwar leistungsfähiger machen, das nennt sich dann *frisieren* oder *tunen*, dies ist aber überall dort verboten, wo der Einsatz eines Serienmotors vorgeschrieben ist.

Ein englischer Lotus-Ford von 1965 im typischen Grün

47

So frisiert man einen Motor

Das Frisieren oder Tunen eines Motors soll aus einem normalen Motor einen Rennmotor machen oder ihm zumindest mehr Leistung verpassen. Das englische Wort „tunen" bedeutet in erster Linie „abstimmen".

unfrisierter Kolben

frisierter Kolben

Der „frisierte" Kolben rechts ist angebohrt.

Mit einer optimalen Abstimmung aller Motorkomponenten wie Vergaser, Ventile und Zündanlage kann im ersten Schritt schon einiges mehr aus dem Serienmotor geholt werden. Doch eine neue „Frisur" erhält der Motor nur mit dem Einbau von besseren und haltbareren Teilen, zum Beispiel einer schärferen Nockenwelle oder einer verstärkten Kurbelwelle. Am Zylinder kann geschliffen werden, um eine höhere Verdichtung zu erhalten, die eine stärkere und bessere Verbrennung zur Folge hat.

Wichtiges Kriterium für die Leistung eines Verbrennungshubes ist der Hubraum, also der Raum über dem Zylinder, in dem sich das Gemisch entzündet. Er wird in Litern oder Kubikzentimetern (cm^3) angegeben. Vergrößert man diesen Hubraum durch Herausbohren von Material oder durch Ersatz anderer Serienkolben, erhöht sich neben der Leistung natürlich auch der Verbrauch. Allgemein leben frisierte Motoren nicht so lange wie normale Serienmotoren. Vielfach erlischt die Zulassung für ein Fahrzeug, es darf dann nicht mehr auf öffentlichen Straßen bewegt werden, wenn es frisiert wurde. Es gibt eine ganze Reihe spezieller Tuningfirmen, und frisiert wird vom Käfer bis zum Rennwagen fast jedes Fahrzeug.

Was haben Monoposti mit einer Formel zu tun?

Die Formeln dienen der Einteilung von Hochgeschwindigkeits-Rennwagen in bestimmte Gruppen. Diese einsitzigen Rennwagen, *Monoposti* genannt (*Mono* für eins, *Posti* für Sitz), sind mit besonders leistungsfähigen Rennmotoren ausgestattet. Die flache Karosserie ist aus sehr leichtem Kunststoff und hat viele Seiten- und Heckflügel, damit der Wagen bei den hohen Geschwindigkeiten immer gut auf die Straße gepreßt wird. Die freistehenden, dicken Räder haben sehr weiche Reifen und müssen deshalb während eines Rennens öfter gewechselt werden.

Für diese Rennwagen gibt es heute noch zwei wichtige internationale Formeln. Die Nachwuchsklasse ist die *Formel III*. Hier startet die Jugend mit preiswerten Serienmotoren bis zu zwei Litern Hubraum. Es sind nur Motoren mit bis zu vier Zylindern zugelassen, und die Fahrzeuge müssen mindestens 455 kg wiegen. Bis 1989 gab es die *Formel II*, in der Rennwagen mit bis zu sechs Zylindern erlaubt waren. Heute fahren diese Wagen als formelfreie Rennwagen und unterliegen keinen Beschränkungen mehr.

**Was bedeutet
Formel I?**

Die schnellste Renn-
wagenklasse ist die *For-
mel I.* Hier dürfen die
stärksten Hubkolben-Motoren ohne Auf-
ladung eingebaut werden mit bis zu
zwölf Zylindern und maximal 3,5 l Hubraum. Die Motoren haben bis zu 600 kW
an Leistung (mehr als 800 Pferdestärken)
und drehen weit über 10 000 U/min. Das
Fahrzeuggewicht wurde alle paar Jahre
nach unten korrigiert, weil die Fahrzeuge
durch die moderneren Materialien immer leichter wurden. Erst die tödlichen
Unfälle von *Roland Ratzenberger* und
Ayrton Senna führten hier 1994 zu einem

Umdenken. Die Formel-I-Rennen gehen
meist über eine Länge von etwa 305 km
und dauern höchstens zwei Stunden.
Das sind auf manchen Rennstrecken bis
zu 81 Runden.

In der Formel I fahren nur die Spitzen-
fahrer mit den besten Rennwagen. Jeder
Fahrer ist bei einem Rennstall unter Ver-
trag, der die teuren Spezialrennwagen
entwickelt und auch aufbaut. Der Stall ist
heute eher eine große Garage mit angren-
zenden Labors und Werkstätten. Zu den
bekanntesten Rennställen zählen *Tyrell,
Benetton, McLaren, Williams Grand Prix*
und *Sefac Automobili Ferrari.*

49

Streckenführung und Länge von vier europäischen Autorennstrecken

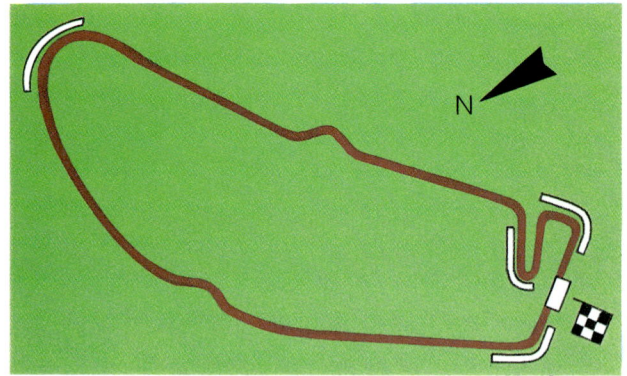

Hockenheim, Deutschland   6,8 km

Monte Carlo, Monaco   3,3 km

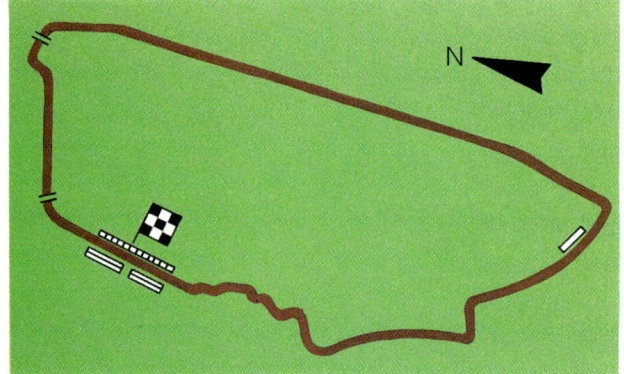

Le Mans, Frankreich   13,6 km

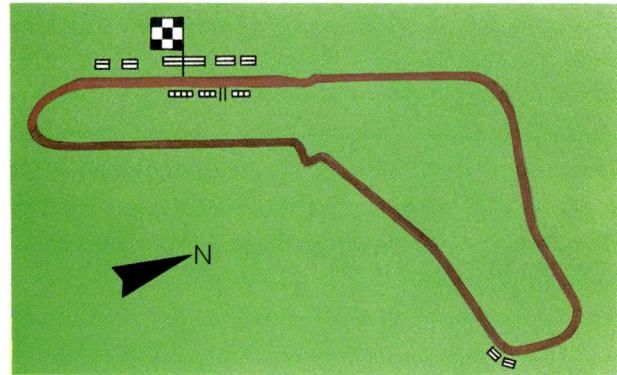

Monza, Italien   5,8 km

Was ist ein „Großer Preis"?

In der Formel I werden in vielen Ländern Weltmeisterschaftsrennen veranstaltet. Diese Rennen heißen *Großer Preis* oder *Grand Prix,* wie die Franzosen sagen. Sie waren auch die ersten, die 1906 auf einer 103 km langen Rundstrecke nahe *Le Mans* den ersten „Großen Preis der Automobilclubs von Frankreich" veranstalteten. Schon zu jener Zeit mußten die Fahrer mehrere Runden drehen, um die damals erforderlichen 1200 km Rennstrecke zu erzielen. Heute gehen die Rennen nur noch über etwa 305 km, von einigen Ausnahmen abgesehen. Nach Frankreich folgte Italien mit einem „Grand Prix" 1921.

In Deutschland gab es den ersten „Großen Preis" erst 1926 auf der Berliner *Avus.* Fast alle „Großen Preise von Deutschland" wurden später auf dem *Nürburgring* ausgetragen und in letzter Zeit auf dem *Hockenheimring.*

Wo gibt es das spektakulärste Grand-Prix-Rennen?

Das spektakulärste Rennen ist der *„Große Preis von Monaco".* Als *Antony Noghes* 1928 seinen Plan vorstellte, auf den kurvenreichen und bergigen Straßen der Casino-Stadt *Monte Carlo* ein „Grand-Prix"-Rennen zu veranstalten, erklärten ihn viele für verrückt. Die Strecke führt auf den normalen Straßen mitten durch die Stadt, enthält einen langen Tunnel, führt am Hafen entlang und besitzt viele schwierige und scharfe Kurven, zum Beispiel die alte *Gasometerkurve,* die heute *Rascasse* heißt. Die ganze Stadt wird für einige Tage in eine Rennstrecke verwandelt, auf der das Durchschnittstempo seit 1929 von 80 km/h auf über 140 km/h (1992) angestiegen ist. Leitplanken wurden erst 1961 anstelle der Strohballen zur Absicherung der Strecke angebracht.

Bisher gab es einen Todesfall, als *Lorenzo Bandini* 1967 in seinem Ferrari in der Hafenschikane verbrannte. Auch das Zuschauen kann gefährlich sein, wenn die Rennwagen mit über 280 Sachen dicht an einem vorbeiheulen. Trotzdem lockt der „Große Preis von Monaco" jedesmal Tausende von Besuchern an und bringt dem Fürstentum damit hohe Einnahmen.

Wie starten die Rennwagen? Bei einem Rennen gehen mitunter mehr als 30 Fahrzeuge an den Start. Natürlich wollen alle einen guten Platz ergattern und möglichst weit vorne starten. Um eine gerechte Startposition vergeben zu können, müssen alle Fahrer in den Tagen vor dem eigentlichen Rennen mehrere Trainingsrunden drehen. Wer die beste Trainingszeit hat, darf aus der allerersten Reihe starten, die anderen Fahrer folgen in der Reihenfolge ihrer Trainingszeiten.

Der klassische Start bei einem Rundstreckenrennen ist der „stehende Start". Das gesamte Feld, gemeint sind alle beteiligten Rennwagen, steht mit laufendem Motor vor der Startlinie und wartet auf das Grün der Startampel. Dann drehen alle Motoren hoch, Reifen quietschen, und die Kupplungen qualmen. Oft brechen bei einem solchen Start die Antriebsachsen der Rennwagen, oder die Kupplung verraucht. Die liegengebliebenen Wagen stellen dann gefährliche Hindernisse für die nachfolgenden Fahrer dar, und nicht selten endet der gesamte Start nach nur wenigen Sekunden in einem schlimmen Gewühl von ineinander verkeilten Fahrzeugen.

Beim Großen Preis von Monaco führt das Rennen auch direkt am Hafen vorbei.

Sitzen die Fahrer beim Start schon in den Wagen?

Früher war der *Le-Mans-Start* bei den Zuschauern sehr beliebt. Bei diesem Start standen die Fahrer in einer Gruppe auf der anderen Straßenseite gegenüber ihren Fahrzeugen. Erst beim Startzeichen sprinteten die Fahrer zu ihren schräg geparkten Rennwagen, öffneten die Tür, sprangen hinein, starteten den Motor und gaben Gas. Weil dabei für das Angurten keine Zeit blieb, wurde diese Startvariante von der zuständigen Rennbehörde wieder verboten.

Heute starten viele Rennen, vor allem in den USA, mit dem *Indianapolis-Start*. Bei dem berühmten *500-Meilen-Rennen* in *Indianapolis* fahren alle Wagen hinter einem Führungsfahrzeug her, dem *Pace car*. Es fährt eine langsame Einführungsrunde, bis alle Wagen ihre angeordnete Startposition eingenommen haben. Kurz vor der Startlinie verläßt das Pace car die Rennstrecke, und es kommt das Startzeichen mit der Flagge. Die Rennwagen fahren also beim Start mit recht hoher Geschwindigkeit über die Startlinie.

Wer sind die berühmtesten Rennfahrer?

Die beiden Deutschen *Hans-Joachim Stuck sen.* und *Rudolf Caracciola*, genannt *Caratsch*, siegten in vielen Rennen von 1926 bis 1939 mit Wagen von Auto Union, Alfa Romeo und Mercedes-Benz. In den fünfziger Jahren gewann der Argentinier *Juan Manuel Fangio* fünf Weltmeistertitel.

Die Rennfahrer der sechziger und siebziger Jahre waren die Briten *Jim Clark* und *Jackie Stewart* und die Österreicher *Jochen Rindt* und *Niki Lauda*. Zwei Brasilianer tauchen zwischen 1972 und 1987 häufig auf dem Siegertreppchen auf: *Emerson Fittipaldi* und *Nelson Piquet*. In den achtziger Jahren fährt der Franzose *Alain Prost* den Rennstall McLaren beständig auf die Siegerspur.

Die neunziger Jahre begannen mit Siegen des Brasilianers *Ayrton Senna* auf McLaren und des Deutschen *Michael Schumacher* auf einem Benetton-Ford. Auch Alain Prost schaffte 1993 wieder den Sprung nach ganz vorne mit einem McLaren-Ford. 1994 überschattete der Tod von Ayrton Senna das Geschehen.

Beim Le-Mans-Start spurteten die Fahrer von der gegenüberliegenden Straßenseite zu ihren Wagen.

Bei Rallyesonder-prüfungen geht es über Stock und Stein.

Was ist eine Rallye?

Das Wort *Rallye* spricht man meist „Rälli" aus. Es bedeutet soviel wie „sich treffen, sich wieder vereinigen". Bei einer Rallye treffen sich begeisterte Autofahrer, die zeigen wollen, wie gut sie ihr Fahrzeug in Kurven, im Gelände und auf der Straße beherrschen. Der Rallyewettbewerb findet größtenteils auf öffentlichen Straßen statt, auf denen sich die Fahrer streng an die Straßenverkehrsordnung halten müssen.

Natürlich wird bei einer Rallye auch schnell gefahren. Doch meist werden dazu abgesperrte Strecken benutzt, auf denen die *Sonderprüfungen* zu fahren sind. Dies können Straßen- oder Waldrennen sein oder Brems- und Beschleunigungsprüfungen. Auf diesen Strecken geht es dann teilweise über Stock und Stein, durch Flüsse und über staubige Wüstenebenen.

Wie lange dauert eine Rallye?

Eine Rallye geht meist über mehrere Tage und viele Kilometer. Zu jedem Fahrzeug gehört eine eingespielte Mannschaft, die bei Reparaturen schnell helfen kann. Im Auto sitzen immer der *Pilot* und sein *Copilot*. Der Copilot oder Beifahrer ist sehr wichtig für den Fahrer, um ihm schnell ansagen zu können, welche Kurve gleich kommt, wie schnell man an der jeweiligen Stelle fahren darf und in welchen Gang zu schalten ist.

Die genaue *Fahrtroute* und das *Streckenbuch* erhält der Beifahrer beim Start. Die gesamte Strecke einer Rallye ist in mehrere Abschnitte eingeteilt, und bei Zwischenkontrollen müssen die Beifahrer ihre Fahrtunterlagen abstempeln lassen. Dadurch kann niemand eine verbotene Abkürzung fahren und dann eher am Ziel ankommen.

Rallyeszene um 1920 (nach einem alten Foto)

Stören Rallyes die Umwelt?

Als man zu Beginn unseres Jahrhunderts mit der Veranstaltung von Rallyes begann, gab es noch längst nicht so viele Autos wie heute, und der Verkehr auf den Straßen war noch längst nicht so dicht. Für viele Menschen war es damals eine willkommene Abwechslung, an den Straßenrändern auf die Rallyeautos zu warten und in den Wäldern oder im Schnee die Fahrkünste der Fahrer zu bewundern.

Heute ist eine Rallye auf den verstopften Straßen in Europa fast nicht mehr durchzuführen. Wer Tag und Nacht den Autolärm vor der eigenen Tür hat, wird wenig Begeisterung für eine laute Auto-Rallye verspüren. Und die Veranstalter können nur noch selten die Kosten für Umleitungen zahlen, die durch die Sperrung einer Straße für Sonderprüfungen notwendig werden. Rallyeprüfungen in ruhigen Waldgebieten stören nicht nur Tiere und Wanderer, sondern sind auch den Umweltschützern zunehmend ein Dorn im Auge.

Der Rallyesport versucht deshalb mit neuen Konzepten, die Belastung für Mensch und Umwelt in Europa so gering wie möglich zu halten. Die meisten großen Weltmeisterschafts-Rallyes finden schon heute in anderen Kontinenten wie Afrika und Südamerika statt, wo es ausreichend unbewohntes und weites Land gibt.

Wann begann man mit langen Abenteuer-Rallyes?

Im Jahre 1907 rief die französische Zeitung *Le Matin* zu der ersten Langstrecken-Rallye auf. Über eine Strecke von 16 000 km ging es auf holprigen Straßen und Eisenbahnschienen von *Peking*, der chinesischen Hauptstadt, bis nach

Paris. Nach zwei Monaten erreichte der Fürst *Borghese* auf seinem *Itala* als erster das Ziel.

Ein Jahr später veranstaltete die Zeitung *New York Times* eine Rallye „Rund um die Erde". Die Fahrer mußten durch ganz Amerika, über Kanada nach Rußland und weiter über Deutschland bis nach Paris fahren. Der Sieger kam nach fünfeinhalb Monaten am Ziel an.

Welche Rallyes sind heute am abenteuerlichsten? Die wohl schwierigste Rallye in der heutigen Zeit ist die *Safari-Rallye* in *Ostafrika*. Auf der über 4500 km langen Strecke geht es quer durch den Busch, von einem Schlagloch zum anderen und durch etwa 200 Flüsse. In den fünf Tagen und Nächten erleben die Fahrer staubige Wüsten, matschige Täler und reißende Flüsse. Das Training für diese Rallye umfaßt meist mehr als 10 000 km, um sich mit seinem Fahrzeug und der Strecke ganz und gar vertraut zu machen.

Abenteuerlich ist mit Sicherheit auch die *Roof of Africa-Rallye*. Mit „Dach von Afrika" ist der 3482 m hohe *Drakensberg* im Süden Afrikas gemeint. Diese Rallye führt durch unwegsames Gelände und steile Berggegenden, fast immer abseits der Straßen, weshalb man auch von einer *Off-road-Rallye* spricht. Mehrere hundert Teilnehmer mit den seltsamsten Gefährten versuchen jedes Jahr, die 960 km heil zu überstehen.

Doch nur wenigen gelingt es überhaupt, in etwa zwölf Stunden ans Ziel zu kommen. Die meisten Autos sind selbstgebastelte Buggies aus Rohrrahmen mit VW- oder Porscheteilen. Umgebaute VW-Käfer mit überbreiten Reifen und offener Motorhaube kommen ebenfalls zum Einsatz.

Das Training für die Safari-Rallye umfaßt meist mehr als 10 000 km.

Wo finden die Weltmeister- schafts-Rallyes statt?

Wichtige Weltmeister- schafts-Rallyes finden statt in Schweden, Ita- lien, Portugal, Neusee- land, Australien, Ar- gentinien, auf Korsika und an der Elfen- beinküste in Afrika. Die Strecke muß mindestens 2000 km lang sein, und höch- stens ein Fünftel darf aus Sonderprüfun- gen bestehen.

Zur Weltmeisterschaft zählen auch die Rallye rund um die griechische *Akropolis,* die berühmte *RAC-Rallye* in England und

natürlich die Mutter aller Rallyes, die seit 1911 durchgeführte *Rallye Monte Carlo.* Die an ihr teilnehmenden Fahrzeuge starten in verschiedenen europäischen Großstädten und sammeln sich alle in *Gap,* einem kleinen Bergort in den Alpen, etwa 140 km Luftlinie von Monaco ent- fernt. Hier müssen alle Fahrer eine große Runde fahren über steile, meist vereiste Pisten. Nur die besten Fahrer kommen durch. Zum Abschluß wird zweimal eine kleine Schleife durchfahren, auf der dann der endgültige Sieger ermittelt wird.

Die Streckenfüh- rung der Rallye Monte Carlo mit ih- ren verschiedenen Sonderprüfungen

Autos werden auf der ganzen Welt gebaut

Welche Länder bauen die meisten Autos? | Der Automobilbau in Europa begann etwa 1894 mit Serienfahrzeugen in *Deutschland (Benz, Daimler)* und *Frankreich (Peugeot)*. Bis 1900 wurden in Europa am häufigsten Daimler- und Benzwagen verkauft. Zu dieser Zeit begann man in den *USA* schon mit der Großserienproduktion von Fahrzeugen. In Europa produzierten Benz und Peugeot im Jahr 1900 gerade etwa 500 Fahrzeuge, als *Ransom Eli Olds* mit seinem *Oldsmobile Curved Dash* (gebogene Spritzwand) in Großserie ging. Er verkaufte von 1900 bis 1904 allein 11 275 seiner offenen Benzinmotorwagen. Schon 1914 besaßen 1,3 Millionen Menschen in den USA ein Auto, dreimal mehr als in ganz Europa. Bis Mitte der sechziger Jahre unseres Jahrhunderts wurden in den USA mehr Autos produziert als in Europa und Japan zusammen.

Von den europäischen Herstellerländern Deutschland, Frankreich, Großbritannien und Italien produzierte Deutschland 1965 mit 1,8 Millionen Autos noch am meisten. 1979 wurde in den USA die Rekordstückzahl von fast 8,5 Millionen Autos gebaut, Deutschland baute fast vier Millionen Autos, Frankreich etwas weniger und England sowie Italien nur bis zu 1,5 Millionen. Japan lag zu diesem Zeitpunkt den Amerikanern mit 6,3 Millionen produzierten Autos schon dicht auf den Fersen.

In *Japan* wurden Autos bis 1962 größtenteils nachgebaut. Erst 1962 begann man intensiv mit der Neuentwicklung eigener Automodelle. Nach nur sechs Jahren konnten die Japaner über zwei Millionen dieser Neuentwicklungen verkaufen und lagen damit an dritter Stelle hinter den USA und Deutschland. Bald konnten die produzierten Autos nicht mehr allein auf der japanischen Insel verkauft werden. Japan bot seine Wagen sehr preiswert in Europa und Amerika an. Ab 1980 hatte es Japan geschafft: Es war die Nummer eins auf der Liste der autoproduzierenden Länder.

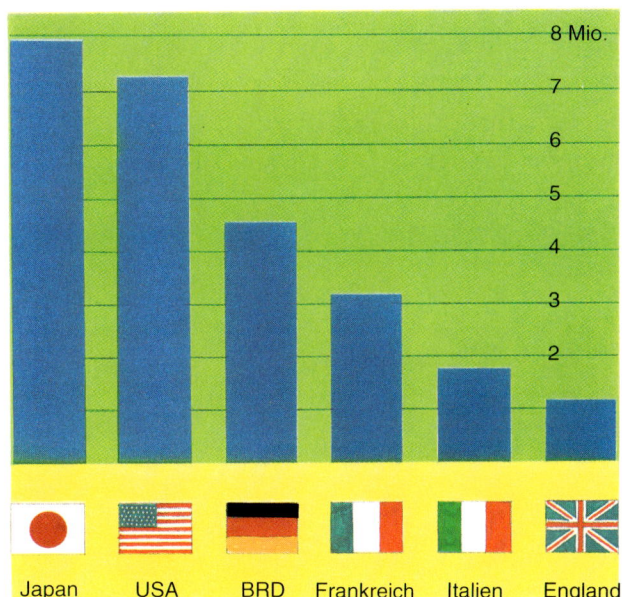

Die Autoproduktion im Jahre 1987 in Millionen Stück

Der Ford Modell T von 1913 war das erste am Fließband gebaute Auto.

Was für bekannte Automarken gab es früher in Deutschland?

Mit den ersten Automobilfirmen sind viele berühmte Namen verbunden. Jedem Hersteller könnte man ein eigenes Buch widmen über die Entstehung des Werks und den Bau der Anfangsmodelle. Die Liste der ersten deutschen Autos umfaßt Namen wie *Wanderer, Audi, Horch* und *DKW* (ab 1932 als *Auto Union AG* in *Zschopau* zusammengefaßt), *Opel, NSU, Mercedes-Benz, Daimler, Hanomag, Borgward* und andere.

Amerikanische Firmen errichteten eigene Produktionsstätten in Deutschland (z. B. *Ford Deutschland*) oder kauften sich in bestehende Firmen ein. So wurde *Opel* in *Rüsselsheim* 1929 von *General Motors*, dem heute weltweit größten Automobilhersteller, aufgekauft.

Was für Marken gab es in den anderen Ländern?

In *Frankreich* wurden Wagen von *Peugeot, Renault, Panhard & Levassor* sowie *De Dion-Bouton* schon vor 1900 gut verkauft. *Citroën* baute seinen *Typ A* schon 1919 als erster Europäer nach dem amerikanischen Fließbandprinzip auf. In *Italien* begann ebenfalls zu diesem Zeitpunkt *Fiat* mit der Produktion, wenn auch nur mit ganzen 24 Wagen im Jahr 1900. 1910 kamen die ersten *Alfa-Sportwagen* auf den Markt. *Lancia* brachte sein *Modell Lambda* 1925 heraus. Die *Engländer* entwickelten in den zwanziger Jahren das erfolgreichste europäische Großserienauto, den *Austin Seven*. Auch die Firmen *Morris, Vauxhall* und *Rolls-Royce* sind britischer Herkunft.

In den *USA* wurden die Autos mit so wohlklingenden Namen wie *Packard, Ca-*

dillac, *Buick, Oldsmobile* und *Ford* schon in Massenproduktion hergestellt. 1907 produzierte Ford allein 14 887 Wagen. Ein Jahr später gründete *William Crapo Durant* die Firma *General Motors*, drei Jahre später entstand die Firma *Chevrolet*. Ab 1913 begann Ford mit der Fließbandproduktion des T-Modells.

Was sind heute die bekanntesten Automarken? | Der größte Automobilhersteller in *Deutschland* ist die *Volkswagen-Gruppe* mit den Marken *VW, Audi, Seat* (Spanien) und *Skoda* (Slowakei). *Mercedes-Benz, BMW* und *Opel* folgen in der Rangliste der deutschen Automobilhersteller. Die Sportwagen von *Porsche* haben einen guten Ruf, sind aber sehr teuer und daher zahlenmäßig unbedeutend. *Opel* und *Ford* produzieren eigene Modelle für Europa, nahezu unabhängig von den amerikanischen Muttergesellschaften, denen sie angehören. Die Muttergesellschaft von *Opel, die Firma General Motors*, ist heute der größte Automobilhersteller weltweit.

An zweiter Stelle lag im Jahr 1993 der japanische *Toyota-Konzern*, an dritter Stelle Ford aus Amerika. Die Japaner beherrschen heute den größten Teil des Marktes. Hinter Toyota und Ford folgen *Nissan, Honda, Mazda, Mitsubishi* und *Suzuki*. Eine Mittelstellung in der Höhe der Verkaufszahlen nehmen die europäischen Hersteller *Fiat, PSA Peugeot Citroën* und *Renault* ein. Sie liegen knapp vor dem amerikanischen Konzern *Chrysler*. Für ihren hohen Sicherheitsstandard sind die Autos aus Schweden bekannt. *Volvo* und *Saab* sind die bekanntesten Marken aus dem kalten Norden.

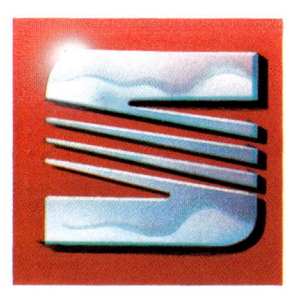  

Die Firmenmarken von Mercedes-Benz, Audi, BMW, VW, Fiat, Opel, Seat, Toyota und Renault (von oben links nach unten rechts)

Ein „Ami-Schlitten" aus den 50er Jahren

Manche Autos haben das Lenkrad rechts

In Deutschland und den meisten anderen Ländern der Welt herrscht auf den Straßen Rechtsverkehr. Alle Autos fahren auf der rechten Straßenseite, und der Autofahrer sitzt links. Von dort kann er am besten den Verkehr überblicken.

Einige Länder haben aber schon immer Linksverkehr gehabt. Dort fahren alle Autos auf der linken Seite der Straße, und die Fahrer sitzen rechts im Fahrzeug. Deshalb haben alle Autos für Länder mit Linksverkehr ihr Lenkrad rechts. Linksverkehr gibt es zum Beispiel in England, Australien und in vielen Ländern, die früher zur britischen Krone gehörten. Wer zu Besuch in einem solchen Land ist, muß beim Überqueren einer Straße sehr aufpassen. Anders als gewohnt muß man zuerst nach rechts gucken und danach in der Mitte der Straße noch einmal nach links.

Was ist ein amerikanischer Schlitten?

Mit diesem Namen werden die großen und wuchtigen Karossen in Amerika belegt, die sich wie Schiffe durch die Straßen bewegen. In den fünfziger Jahren wollten die Amerikaner ihren Stolz als Großmacht durch große Autos unterstreichen. Die Wagen, die damals gebaut wurden, waren sehr schwer, hatten große V8-Zylinder-Motoren (200 kW waren keine Seltenheit) und schluckten Unmengen an Benzin.

Aber der Sprit in den USA war auch sehr preiswert. Die Traumwagen der Amerikaner hatten große Heckflossen, Stoßstangenhörner und eine Panoramascheibe für den freien Rundumblick. Auch heute werden die wohl größten und schwersten Autos, die es auf der ganzen Welt gibt, immer noch in den USA gebaut.

Sicherheit beim Autofahren

Wie viele Unfälle passieren auf unseren Straßen?

Etwa alle 15 Sekunden kracht es auf deutschen Straßen, alle zwei Minuten wird dabei ein Mensch verletzt. Jeder kennt den Verkehr auf den Straßen, der in den letzten Jahren ständig zugenommen hat. 1960 gab es knapp 4,5 Millionen Privatautos, die auf den Landstraßen, Autobahnen und in den Städten der alten Bundesländer fuhren. In 30 Jahren wurden mehr als sechsmal so viele Autos daraus, aber an Straßen wurden fast nur Autobahnen neu gebaut. Viel mehr Autos in den Stadtzentren verursachen automatisch mehr Unfälle.

Besonders gefährdet im Straßenverkehr sind Kinder in den Städten. Zwei Drittel aller getöteten Fußgänger und Radfahrer starben innerhalb von Ortschaften, mehr als die Hälfte davon waren Kinder unter 15 Jahren. Glücklicherweise nahm in den letzten Jahren die Gesamtzahl der Verletzten und getöteten Menschen bei Unfällen nicht zu, sondern leicht ab. Dies liegt zum großen Teil am *Sicherheitsgurt*, den heute jeder anlegen muß, auch wenn er hinten im Auto sitzt. Außerdem werden Autos heute nach immer besseren und strengeren Sicherheitsvorschriften entwickelt und gebaut.

Kinder sind im Straßenverkehr besonders gefährdet.

Was ist ein Crashtest?

Wer ein Auto baut, der achtet bei der Entwicklung der Karosserie besonders auf Stabilität und ausreichende *Knautschzone*. Diese Zone knautscht sich bei einem Unfall wie eine Ziehharmonika zusammen und dämpft dadurch die Wucht des Aufpralls gegen das Hindernis, zum Beispiel ein Auto oder eine Mauer. Um ihre Berechnungen zu überprüfen, führen alle Hersteller sogenannte *Crashtests* durch.

Das Wort *Crash* kommt aus dem Englischen und bedeutet Zusammenstoß. Dabei wird das Crashauto mit 50 km/h gegen eine feste Barriere gezogen. In dem Auto sitzen *Dummies,* das sind Puppen mit Größe und Gewicht eines normalen Menschen, die überall mit Meßsensoren ausgerüstet sind. Auch das Auto hat komplizierte Meßtechnik an Bord. Der Aufprall wird genau gefilmt, und anhand der Meßwerte kann man sehen, ob ein echter Mensch die Belastung des Zusammenstoßes überleben kann. Wichtig ist dabei, daß nach dem Unfall keine scharfen Gegenstände in den Innenraum ragen und eine ausreichend große Knautschzone vorhanden ist.

In Amerika wird seit 1993 auch ein sogenannter *Seitencrash* durchgeführt, bei dem ein *Rammbock* schräg in die Fahrerseite geschoben wird. Eine gute Verstrebung der Fahrertür kann dann bei einem Zusammenstoß von der Seite das Leben der Autoinsassen retten.

Beim Crashtest wird das Testauto mit 50 km/h gegen eine feste Barriere gezogen.

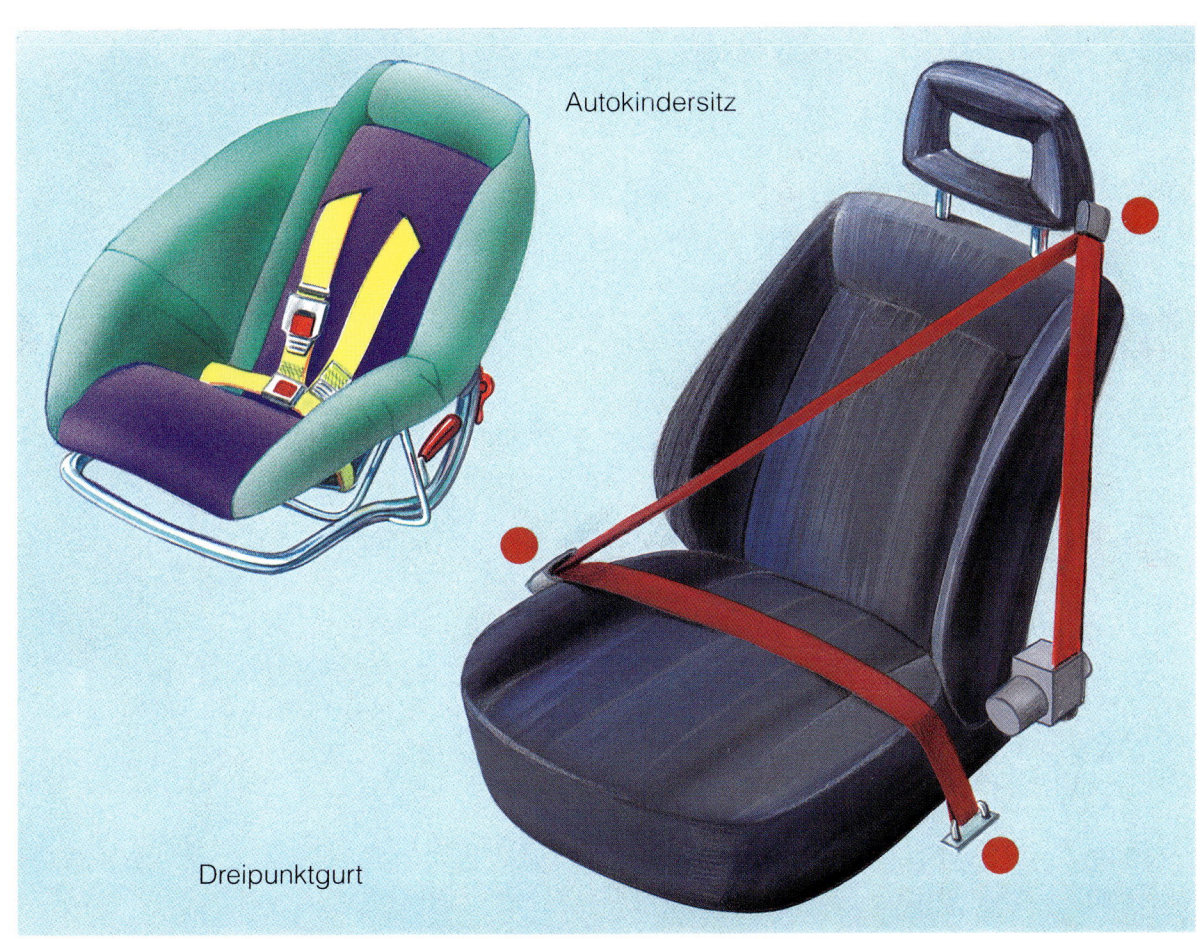

Autokindersitz

Dreipunktgurt

Schon lange gibt es Sicherheitsvorschriften

Am 15. April 1901 wurde im *Königreich Preu-ßen* die erste *Verordnung „Über den Verkehr mit Kraftfahrzeugen"* erlassen. Dort wurde vom Gesetzgeber für jedes Fahrzeug eine Hupe gefordert, mit der Warnsignale abgegeben werden können, die aber niemanden durch überlautes oder grelles Geräusch belästigen durfte. Heute kann ein Auto auch noch durch Warnblinkleuchten oder Lichthupe auf sich aufmerksam machen. Als *passive Si-cherheit* bezeichnet man Maßnahmen zur Milderung von Unfallfolgen. Schon 1925 schlug *Béla Barényi* eine kurze Lenksäule zur Vermeidung größerer Unfallschäden vor. Auch das *Knautschpatent* von 1952 und die *Kopfstützen* schützen Fahrer und Mitfahrer vor schlimmen Verletzungen bei einem Crash.

Der größte Erfolg bei der Vermeidung von Unfallschäden ist aber dem *Sicherheitsgurt* zu

verdanken. Zwei Gurtbänder, die an drei Punkten befestigt sind, bleiben bei einem Zusammenstoß fest um den Körper des An-geschnallten gelegt und halten ihn im Sitz zurück. Seitdem in Deutschland über 96 Pro-zent der Fahrer und Beifahrer den Gurt anle-gen, ist die Zahl der schwerverletzten und getöteten Menschen bei Unfällen stark zu-rückgegangen. Doch die vier Prozent „Gurt-muffel", die sich nicht anschnallen wollen, machen fast ein Drittel aller getöteten Auto-fahrer aus.

Leider schnallen sich auch nicht alle Mit-fahrer auf der Rückbank an, obwohl sie dort genauso gefährdet sind. Für Kinder gibt es spezielle *Autokindersitze* mit Gurten, in denen die ganz Kleinen sicher festgehalten werden und bei plötzlichen starken Brems-vorgängen nicht unter dem Gurt durch-rutschen können.

Der Airbag bläst sich in Sekundenbruchteilen auf und schützt so den Kopf des Fahrers.

Wie arbeitet ein Airbag?

Der *Airbag* heißt auf deutsch Luftsack. Er soll bei einem Unfall die Autoinsassen zusätzlich zu dem Sicherheitsgurt gegen Verletzungen schützen. Dazu bläst sich vor den Insassen in Windeseile ein Luftsack auf, in den der Kopf sanft eintauchen kann, wenn das Fahrzeug abrupt zum Stehen kommt. Der Airbag sitzt normalerweise versteckt im Lenkrad und vor dem Beifahrer. Manchmal gibt es auch einen großen Airbag für die hinten sitzenden Mitfahrer.

Ein *Beschleunigungssensor* registriert die Stärke eines Zusammenpralls und zündet eine *Gaspatrone*, die bei einem Unfall den Airbag aufbläst. Nach dem Zusammenprall fällt auch der Airbag wieder in sich zusammen und muß erneuert werden. Das Aufblasen und Zusammensakken hat nur die Dauer eines Wimpernschlages, schützt aber gerade in dem Augenblick den Kopf, wo er durch den Aufprall nach vorne geschleudert wird.

Wie funktionieren die Bremsen?

Das Prinzip der Bremse ist sehr alt. Schon bei den ersten Autos mußte man einen Klotz gegen das sich drehende Rad drücken, um zu bremsen. Dabei wird die Bewegungsenergie in Wärme umgewandelt. Wer ein freidrehendes Vorderrad eines Fahrrades vorsichtig mit zwei Fingern durch „Zusammendrücken" der Felge abbremst, der spürt schnell, daß er dabei heiße Finger bekommt. Auch bei heutigen Autos wird mit Druck gebremst. Der Druck vom Bremspedal wird über einen Bremskraftverstärker und die Bremsflüssigkeit zu den Rädern geleitet. Da sich Flüssigkeit nicht zusammendrückt, leitet sie den Druck nach allen Seiten gleichmäßig weiter.

Es gibt aus Sicherheitsgründen zwei unabhängige Drucksysteme, so daß auch bei Ausfall des einen Systems mit dem anderen noch sicher gebremst werden kann.

Welche Bremssysteme gibt es im Auto?

Üblich sind heute *Trommel-* oder *Scheibenbremsen,* die an jedem der vier Räder eines Automobils sitzen. Bei der Scheibenbremse sitzt auf der Radnabe eine Scheibe, die sich zwischen zwei feststehenden Bremsklötzen mit Radgeschwindigkeit dreht. Durch Druck werden beide Bremsklötze gegen die Scheibe gepreßt und bremsen diese ab. Damit die Scheibenbremse beim Bremsvorgang nicht überhitzt, muß sie dabei immer gut vom Fahrtwind gekühlt werden und wird deshalb gerne in den Vorderrädern des Fahrzeugs eingebaut.

Bei der Trommelbremse drücken zwei Bremsbacken gegen die Innenseite der Bremstrommel, die fest mit dem Rad verbunden ist. Im einfachsten Fall sind die Bremsbacken unten fest gelagert und können oben durch den Druck der Bremsflüssigkeit auseinandergedrückt werden. Dabei preßt sich der rauhe Bremsbelag an die Trommel und bremst diese ab. Eine Rückstellfeder holt die Bremsbacken nach dem Ende des Bremsvorgangs wieder zurück in ihre Ausgangslage.

Damit der Fahrer beim Bremsen nicht zu stark auf das Bremspedal treten muß, werden heute in vielen Fahrzeugen sogenannte *Servobremsen* eingesetzt. Bei der Servobremse wird der Druck des Fahrers auf das Pedal durch einen zusätzlichen Druck verstärkt, den der laufende Motor erzeugt.

Sollte das Bremspedal einmal nicht funktionieren und klemmen, kann der Bremsdruck notfalls auch von einer *Handbremse* über einen Seilzug auf die hinteren Bremszylinder wirken. Eine solche Handbremse ist für alle Fahrzeuge Pflicht und hilft auch beim Anfahren an einem steilen Berg und beim Parken, damit das Auto nicht wegrollt.

Trommelbremse

Scheibenbremse

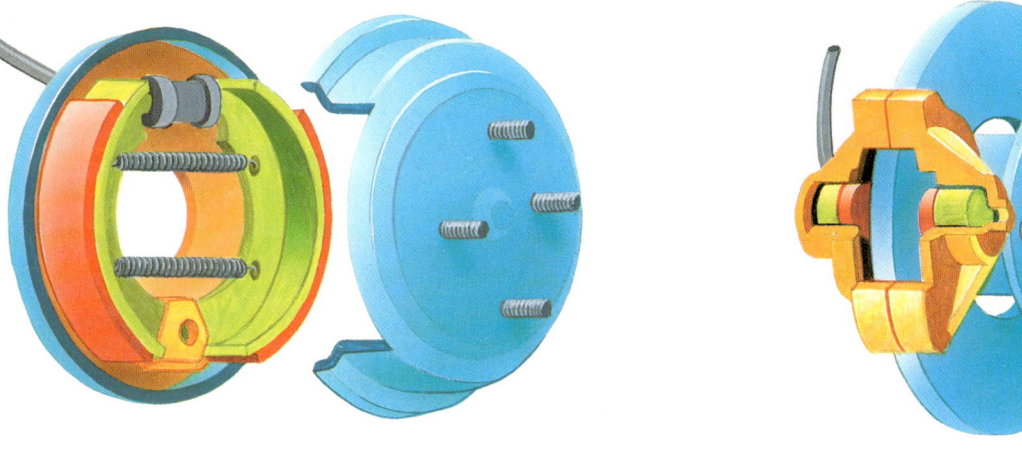

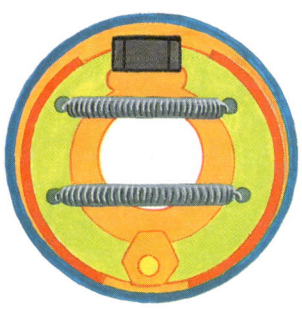
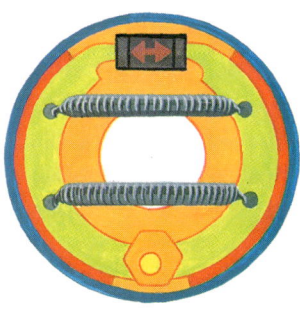
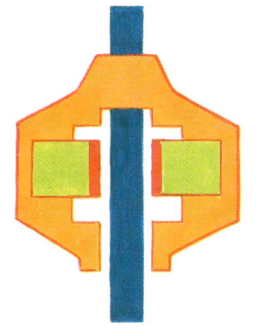
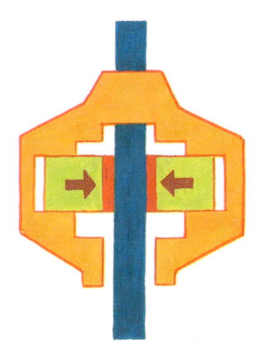

Funktionsschema einer Trommelbremse (links) und einer Scheibenbremse (rechts)
Rot: Bremsbeläge
Blau: drehende Teile
Orange: feststehende Teile
Grün: Bremsbakken/Bremszylinder

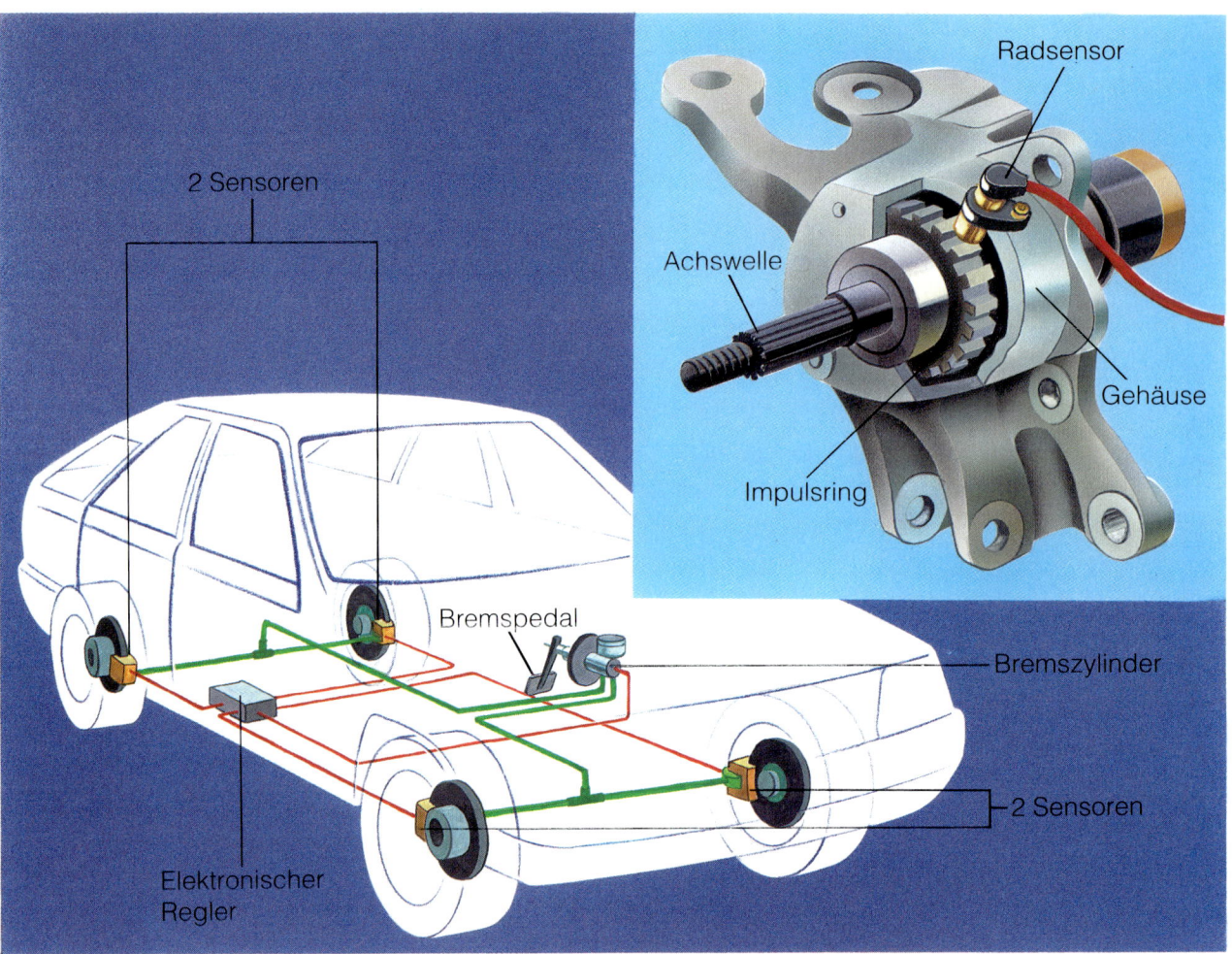

2 Sensoren

Radsensor

Achswelle

Gehäuse

Impulsring

Bremspedal

Bremszylinder

Elektronischer Regler

2 Sensoren

Sensoren sind hier an allen vier Rädern angebracht (Schnitt-zeichnung im klei-nen Bild) und mel-den dem Steuergerät ständig, wie schnell sich die Räder dre-hen (großes Bild).

Was bedeutet ABS?

ABS ist die Abkürzung für das sogenannte *Anti-Blockier-System.*

Das ABS wurde entwickelt, um bei einer Vollbremsung des Autos das Blockieren der Räder zu vermeiden. Bei einer Voll-bremsung ist die Reibung der Bremsbelä-ge so groß, daß die Räder des Fahrzeugs in sehr kurzer Zeit festgehalten werden und blockieren. Wenn die Räder sich nicht mehr drehen, rutscht das Auto wie ein Radiergummi geradeaus über den Asphalt der Straße. Dadurch wird der Bremsweg länger, und das Fahrzeug ist dann nicht mehr in der Lage, einem Hin-dernis auszuweichen.

Sensoren an allen vier Rädern teilen ei-nem Steuergerät deshalb ständig mit, wie schnell sich die Räder drehen. Meldet ein Sensor Stillstand, kann die Elektronik in dem Steuergerät dem entsprechenden Bremszylinder den Druck kurzzeitig wegnehmen, damit das Rad wieder zu drehen beginnt. Man kommt damit schneller zum Stehen und kann das Auto noch lenken. Außerdem entstehen keine schwarzen Bremsspuren durch blockie-rende Räder, das Reifenprofil nutzt sich nicht so schnell ab. Wenn das ABS einmal ausfällt, hat das keinen Einfluß auf die Bremsanlage des Fahrzeugs. Sie funktio-niert weiter, allerdings ohne den Blok-kierschutz des ABS. Mit wachsendem Sicherheitsbewußtsein der Kunden wur-de das Anti-Blockier-System von den Fahrzeugherstellern ab Ende der achtzi-ger Jahre in den Modellen der oberen Mittelklasse immer häufiger angeboten.

Das Auto und die Umwelt

Was haben Autoabgase mit dem Treibhauseffekt zu tun?

Allein in Deutschland belasten die Autos unsere Luft jährlich mit über 100 Millionen Tonnen schädlicher Abgase. Der größte Brocken davon sind *Kohlendioxide* (chemisches Zeichen: CO_2). Das Gas ist für den Menschen nicht direkt schädlich, es trägt aber wahrscheinlich zur Erwärmung der *Erdatmosphäre* bei.

Diese Klimaveränderung nennt man den *Treibhauseffekt,* weil die Lufthülle um die Erde sich so erwärmt wie die Luft in einem Treibhaus. Durch die Scheiben eines Treibhauses gelangen die Sonnenstrahlen in das Innere und erwärmen dort die Pflanzen und den Boden. Die Wärme im Inneren des Treibhauses kann aber nicht durch das Glas nach außen dringen. Im Treibhaus wird es deshalb immer wärmer. Auf der Erde besteht normalerweise ein Gleichgewicht zwischen der Erwärmung der Erdkugel durch die Sonnenstrahlen und der Abgabe von Wärme zurück in den Weltraum.

Über mehrere Millionen Jahre hinweg sorgte die Lufthülle der Erde für eine an-

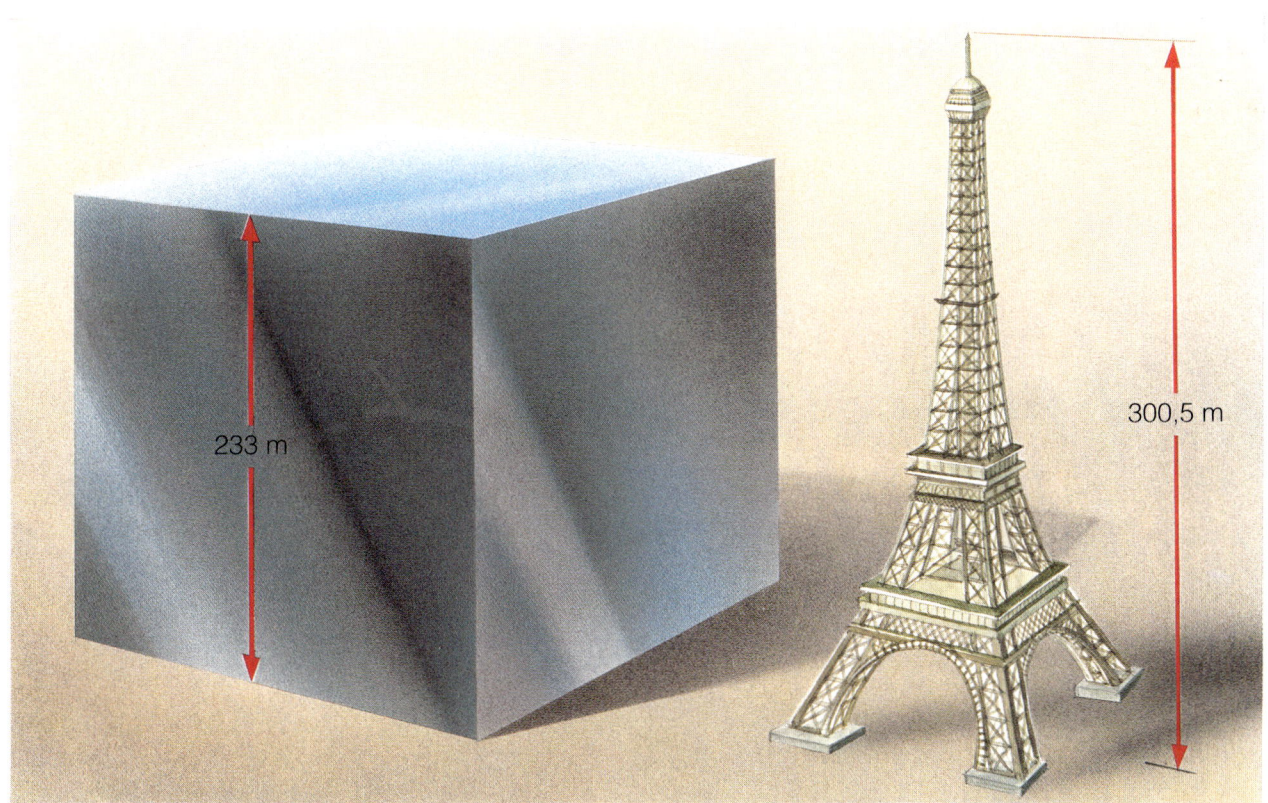

233 m

300,5 m

100 Millionen Tonnen CO_2 entsprechen dem Gewicht eines Eisenwürfels mit einer Seitenlänge von 233 m. Zum Vergleich: Die Höhe des Eiffelturmes in Paris beträgt 300,5 m.

genehme Temperatur auf unserem Planeten. Seitdem die Menschen in diesem Jahrhundert in großem Maße Fabriken, Fahrzeuge und Wohnungen erbaut haben, nimmt die Verschmutzung der Luft, etwa mit Kohlendioxid, sehr stark zu. Das Kohlendioxid, das über Schornsteine und Auspuffe in die Luft gelangt, verteilt sich wie ein feiner Schleier um die Erde. Dadurch kann die Wärme von der Erde nicht mehr ungehindert in den Weltraum entweichen, und die Luft innerhalb der Hülle erwärmt sich langsam immer stärker. Durch diesen Treibhauseffekt kommt unser gesamtes Wetter durcheinander; Stürme, Tornados und extreme Hitze oder Kälte entstehen wesentlich häufiger als früher.

Auch die Eisflächen an beiden Polen der Erde schmelzen immer weiter ab und erhöhen den Meerwasserspiegel, so daß viele Küstenstädte in einigen Jahrzehnten möglicherweise unter Wasser liegen werden.

Der Mensch würde die Temperaturerhöhung der Erdatmosphäre kaum bemerken, wenn nicht sehr genaue Meßinstrumente schon über Jahrzehnte hinweg die Temperaturen an mehreren Stellen der Erde exakt messen würden. Die Erwärmung betrug in den letzten 100 Jahren nur 0,8° Celsius – das sind pro Jahr nur etwa 0,008° Celsius. Ebenfalls angestiegen ist in diesem Zeitraum die Kohlendioxidkonzentration in der Luft. Jeder Schornstein und jeder Verbrennungsmotor, zum Beispiel in einem Auto, trägt dazu bei.

Viele Wissenschaftler machen den Kohlendioxidanstieg als Ursache für den Treibhauseffekt verantwortlich, obwohl ein eindeutiger Beweis noch nicht erbracht werden konnte.
Aus allen Autoabgasen, die jährlich in Deutschland entstehen und so die Umwelt belasten, könnte man eine Wolke um ganz Deutschland legen, die 1,7 Meter dick ist.

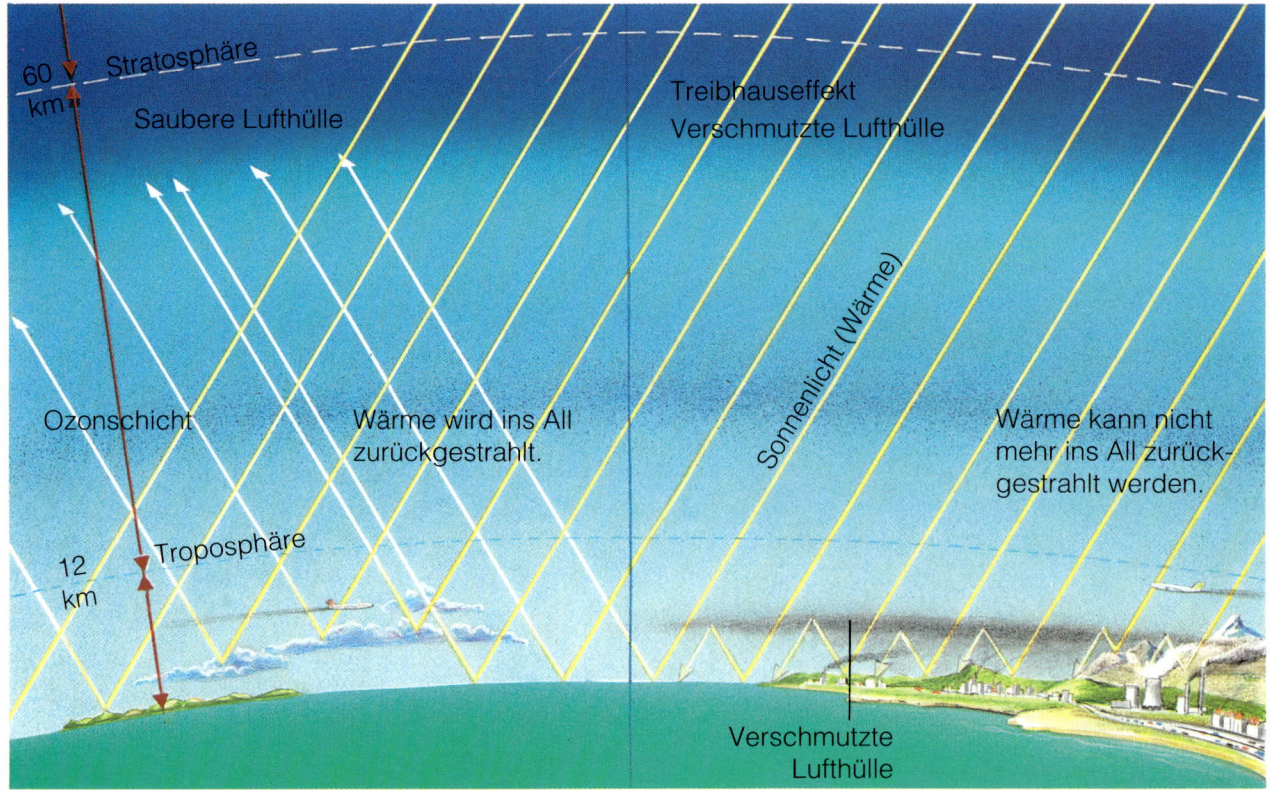

Das ist der Treibhauseffekt: Während die Wärme des Sonnenlichts bei einer sauberen Lufthülle ins All zurückgestrahlt wird (linke Bildhälfte), ist dies bei einer verschmutzten Lufthülle nicht mehr möglich (rechte Bildhälfte), so daß sich hier wie in einem Treibhaus die Erdatmosphäre erwärmt.

Smog in der Groß-stadt: Die dicke Luft kommt aus den Schornsteinen der Fabriken und Wohnhäuser und aus den Auspuffen der Autos.

Wie entsteht der Smog in unseren Städten? | Wenn in der Stadt zu viele Autos unterwegs sind und wenig Wind weht, konzentrieren sich die Schadstoffe in den Straßenschluchten und verursachen den befürchteten Smog. *Smog* ist das englische Wort für Nebel und Rauch. Die dicke Luft kommt aus den Schornsteinen der Häuser und Fabriken und aus den Auspuffrohren der Autos. Neben dem CO_2 enthalten die Autoabgase auch das hochgiftige und geruchlose *CO*, das *Kohlenmonoxid*. Mit über sechs Millionen Tonnen bekommt man in Deutschland als Stadtbewohner am meisten von diesem Schadstoff ab. Durch zuviel Kohlenmonoxid bekommen viele Leute Kopfschmerzen, ihnen wird übel. Ältere Menschen leiden unter Herz- und Kreislaufbeschwerden.

Die Smog-Luft enthält auch viele *Stickoxide*, von denen über die Hälfte von Autos erzeugt werden. Die Luft, die im Motor verbrannt wird, besteht zu über ¾ aus *Stickstoff* (chemisches Zeichen: *N*), der Rest ist fast nur *Sauerstoff* (O_2). Normalerweise geben sich diese Stoffe nicht einmal die Hand. Nur wenn es ganz heiß wird, dann vermischen sie sich und bleiben verbunden als *Stickstoffdioxid* (NO_2) oder *Stickstoffmonoxid* *(NO)*. Beide gemeinsam nennt man Stickoxide oder *Noxe*, wegen ihres chemischen Zeichens NO_x. Je heißer eine Verbrennung ist, also je schneller ein Auto fährt, um so mehr Stickoxide entstehen dabei. Wenn die Sonne scheint, werden diese Stickoxide auch noch in das Gas *Ozon* umgewandelt. Beide Stoffe führen gerade bei Kindern zu starkem Augentränen, laufenden Nasen und Hustenreiz.

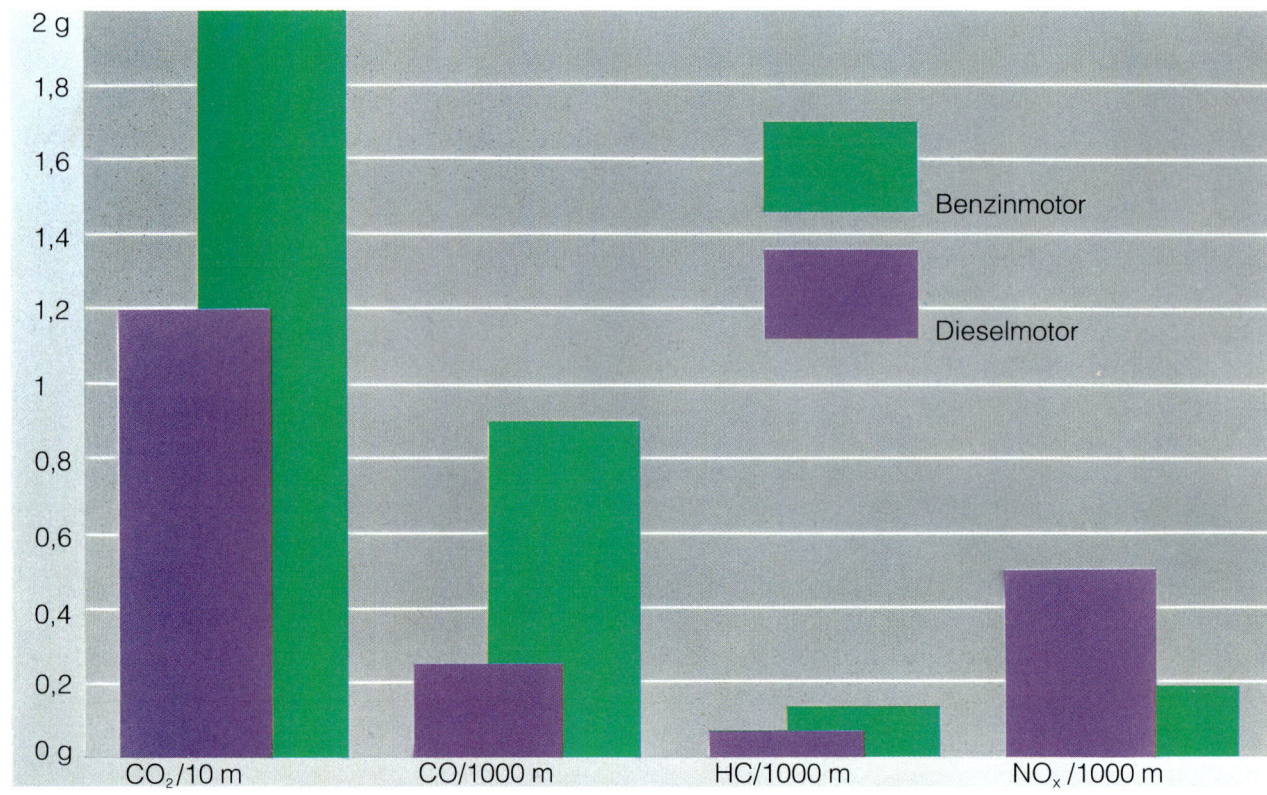

Die Abgase eines Benzinmotors mit Katalysator (grün) und eines Dieselmotors (violett) im Vergleich: So viel CO_2 pro zehn Meter und CO, HC und NO_x pro Kilometer gelangen durch den Auspuff an die Luft.

Benzinmotor

Dieselmotor

CO₂/10 m — CO/1000 m — HC/1000 m — NOₓ/1000 m

Warum stinken Abgase?

Für den Geruch sind die *Kohlenwasserstoffe (HC)* verantwortlich.

Im Benzin sind noch viele Stoffe als Zusätze enthalten, die teilweise vollständig wieder aus dem Auspuff kommen. Dazu gehören das krebserregende *Benzol* und mehrere stark ätzende Verbindungen. Insgesamt gibt es bis zu 10 000 chemische Substanzen im Abgas. Obwohl es nur kleinste Mengen sind, verbreiten sie unangenehme Gerüche. Und unschädlich sind die Stoffe auch nicht alle.

Beim Dieselmotor riecht man den *Ruß*. An den kleinen Rußteilchen haften mehrere giftige Stoffe, die zum Teil auch krebserregend sind. Moderne Diesel haben einen *Rußfilter*, der einen Großteil der schwarzen Teilchen zurückhält. Von den anderen Schadstoffen CO_2, CO und HC erzeugt der moderne Dieselmotor weniger als der Ottomotor, nur beim NO_x entsteht beim Dieselmotor eine größere Menge als beim Ottomotor.

Warum ist Blei im Benzin schädlich?

In den meisten Benzinsorten ist heute kein Blei mehr enthalten. Jeder Ottomotor kann nun bleifrei tanken. Seit den zwanziger Jahren diente der Bleizusatz im Benzin als Antiklopfmittel zum Schutz des Motors.

Durch den stark angestiegenen Verkehr wurde immer mehr Blei aus dem Auspuff in die Umwelt verstreut. Auch der menschliche Körper hat im Laufe der Jahre eine Menge von diesem Blei im Blut gespeichert. Als in den USA das bleifreie Benzin eingeführt wurde, sank dort innerhalb von fünf Jahren der Bleigehalt im Blut der Amerikaner um 37 Prozent.

In Deutschland gibt es seit 1986 bleifreies Benzin, in dem andere Ersatzstoffe das Klopfen verhindern. Alle Fahrzeuge mit einem Katalysator zur Abgasreinigung dürfen nur bleifrei tanken, da der Katalysator durch Bleireste in den Abgasen vergiftet wird und dann sehr schnell seine reinigende Wirkung verliert.

Wie funktioniert ein Katalysator?

In jedem neuen Auto mit einem Ottomotor sitzt heute ein geregelter *Dreiwege-Katalysator* in den Abgasrohren unterm Bodenblech. Als Katalysatoren bezeichnet man Stoffe, die eine chemische Reaktion beschleunigen, ohne sich selbst zu ändern.

Der Katalysator soll die drei Hauptschadstoffe in harmlosere Bestandteile umwandeln – deshalb wird er auch Dreiwege-Katalysator genannt. Aus den Kohlenmonoxiden (CO) wird Kohlendioxid (CO_2), aus unverbrannten Kohlenwasserstoffen (HC) wird Wasser (H_2O) und aus den Stickoxiden (NO_x) wird Stickstoff (N_2). Das klingt wie Zauberei, klappt aber unter Beihilfe von Edelmetallen als Katalysatoren und viel Sauerstoff und Hitze sehr gut.

Der *Kat*, wie das Gerät kurz genannt wird, sitzt nahe am Motor des Autos und wird durch das heiße Abgas schnell auf eine Betriebstemperatur von 400 bis 600° C gebracht. Oft wird er aber auch bis zu 1000° C heiß. Für die Umwandlung benötigt man die Edelmetalle *Platin* und *Rhodium* in sehr kleinen Mengen (ein bis zwei Gramm). Um möglichst viele Schadstoffe umwandeln zu können, dampft man die Edelmetalle in einer hauchdünnen Schicht auf eine sehr große Fläche im Katalysator auf und läßt dann die Abgase daran entlangströmen. Bleireste (aus verbleitem Benzin) behindern sehr bald die Fähigkeit der Edelmetalle, die schädlichen Stoffe im Abgas in unschädliche Bestandteile umzuwandeln. Sie machen den Katalysator damit dauerhaft unwirksam.

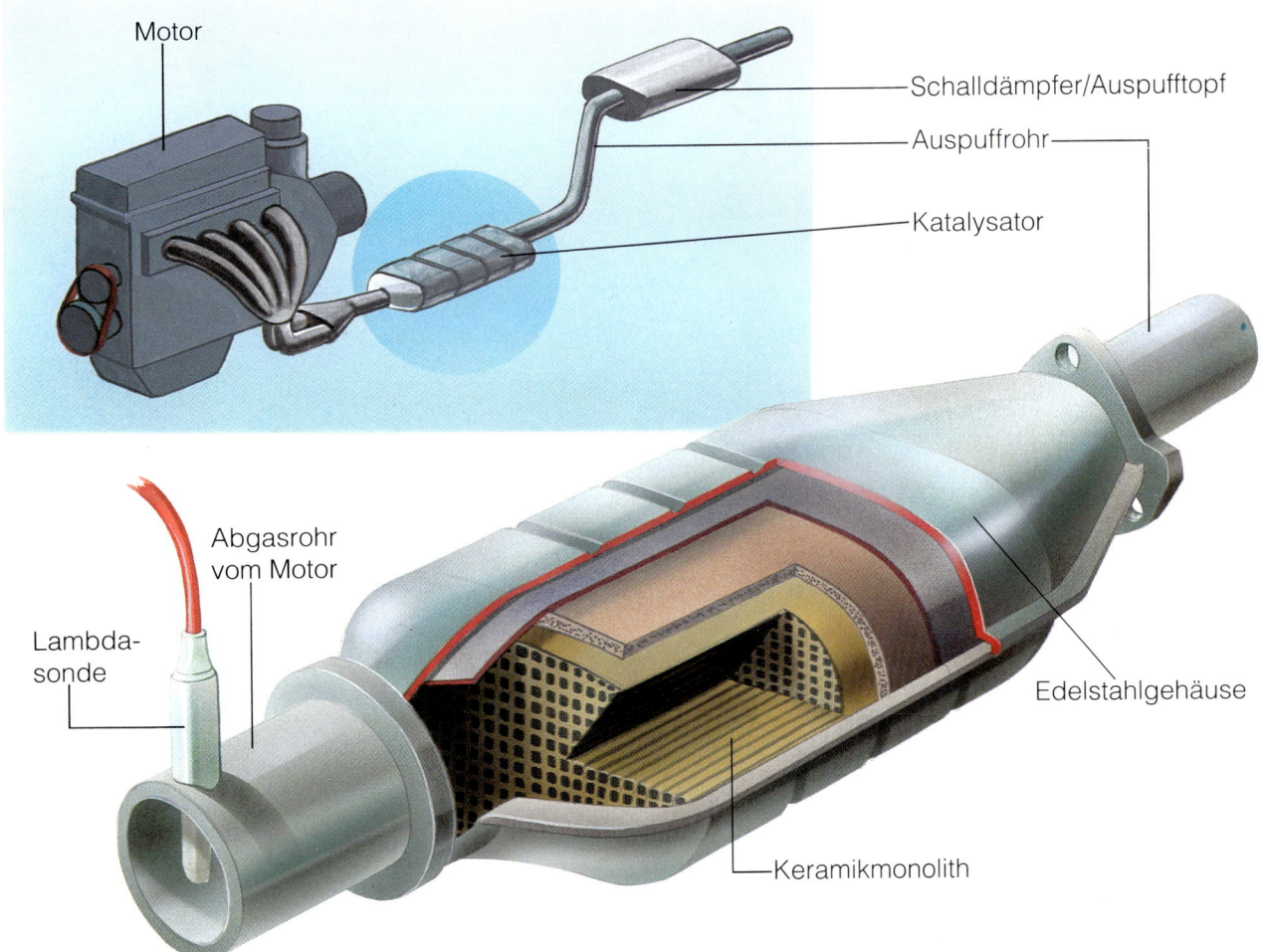

Motor

Schalldämpfer/Auspufftopf

Auspuffrohr

Katalysator

Abgasrohr vom Motor

Lambdasonde

Edelstahlgehäuse

Keramikmonolith

Der Dreiwege-Katalysator sitzt in jedem neuen Auto in den Abgasrohren unter dem Bodenblech (kleines Bild). Er besteht aus einem sogenannten Keramikmonolith, einem großen Block, der wabenförmige Röhren mit einer Schicht aus Edelmetallen enthält (großes Bild).

71

Wie ist ein Katalysator aufgebaut?

Damit möglichst viele Abgasteilchen mit den Edelmetallen in Berührung kommen und umgewandelt werden, schickt man den Abgasstrom durch Tausende von kleinen Röhren. Die Röhren haben auf der Innenfläche eine aufgerauhte Zwischenschicht und damit eine sehr große Oberfläche. Darüber werden die Edelmetalle aufgedampft. Die wabenförmigen Röhren sitzen in großen Keramikblöcken, sogenannten *Monolithen,* oder werden aus gewelltem Metall gewickelt.

Insgesamt ist der Kat nicht viel größer als eine große Kaffeekanne. Durch die große Reaktionsfläche kommt aus einem neuen Kat nur noch ein Zehntel der Schadstoffe heraus, 90 % können also umgewandelt werden. Nach 100 000 km Fahrt wird der Kat altersschwach und sollte erneuert werden.

Die Lambdasonde

Damit im Katalysator alle drei Schadstoffe (CO, HC, NO_x) optimal umgewandelt werden können, müssen im Motor für 1 kg zu verbrennenden Kraftstoff genau 14,7 kg Luft vorhanden sein. Dieses Verhältnis nennt man *stöchiometrisches Verhältnis,* bei dem λ *(Lambda)* genau 1 ist. Ist λ < 1, arbeitet der Motor mit einem *fetten Gemisch* (mehr Gemisch als Sauerstoff), bei λ > 1 mit einem *mageren Gemisch* (Sauerstoffüberschuß). Die *Lambdasonde* mißt also den Sauerstoffgehalt im Abgas.

Nur Autos mit elektronischer Einspritzung können schnell genug auf Veränderungen reagieren. Die elektronische Gemischregelung kann genau die Benzinmenge einspritzen, die notwendig ist, um den Vorgabewert λ = 1 zu erreichen. Das Steuergerät gibt erst Ruhe, wenn dieser Wert eingeregelt ist. Deshalb spricht man von einem geregelten Katalysator.

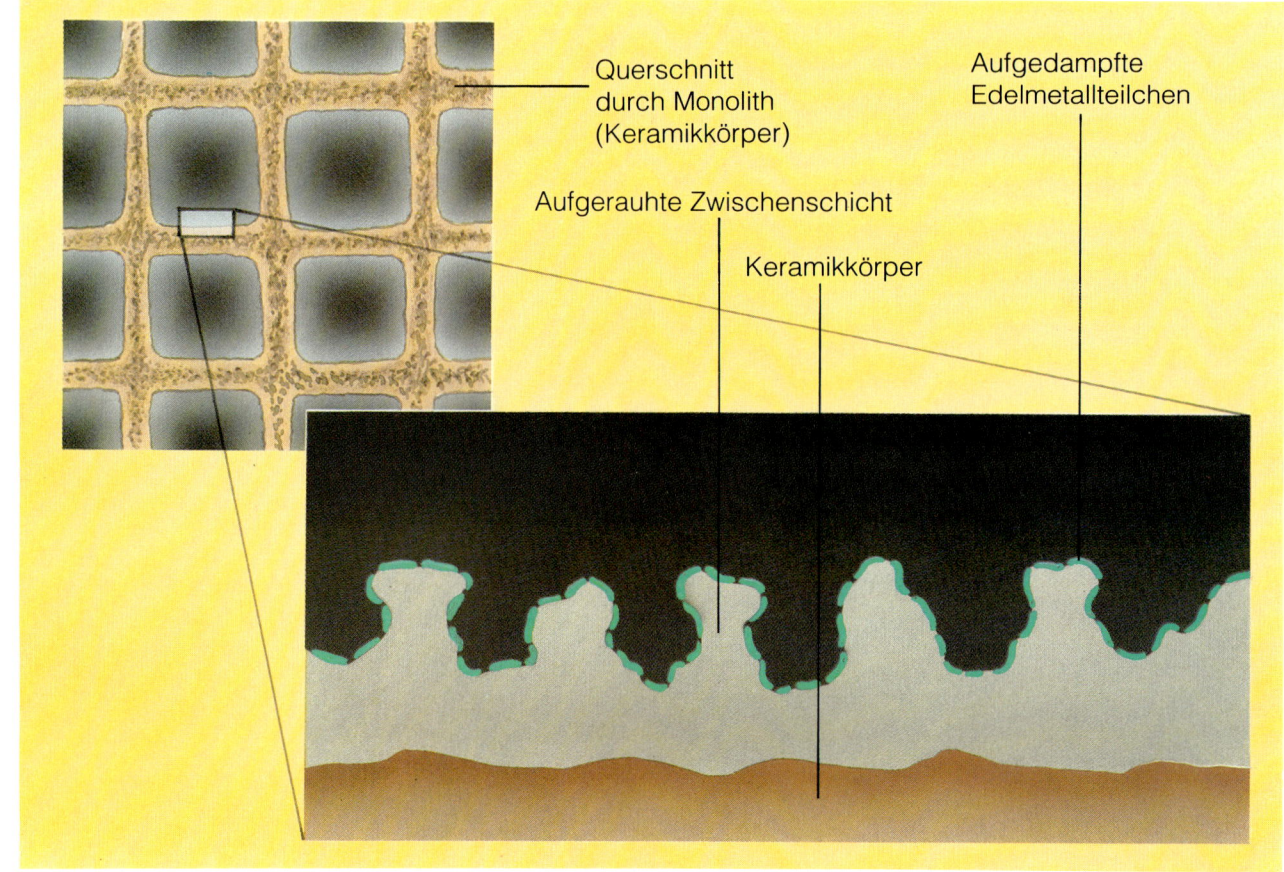

Der Keramikmonolith des Katalysators im Querschnitt (links); die Vergrößerung (rechts) zeigt unten den Keramikkörper, darüber die aufgerauhte Zwischenschicht, auf die Edelmetallteilchen (blau) aufgedampft sind.

Querschnitt durch Monolith (Keramikkörper)

Aufgedampfte Edelmetallteilchen

Aufgerauhte Zwischenschicht

Keramikkörper

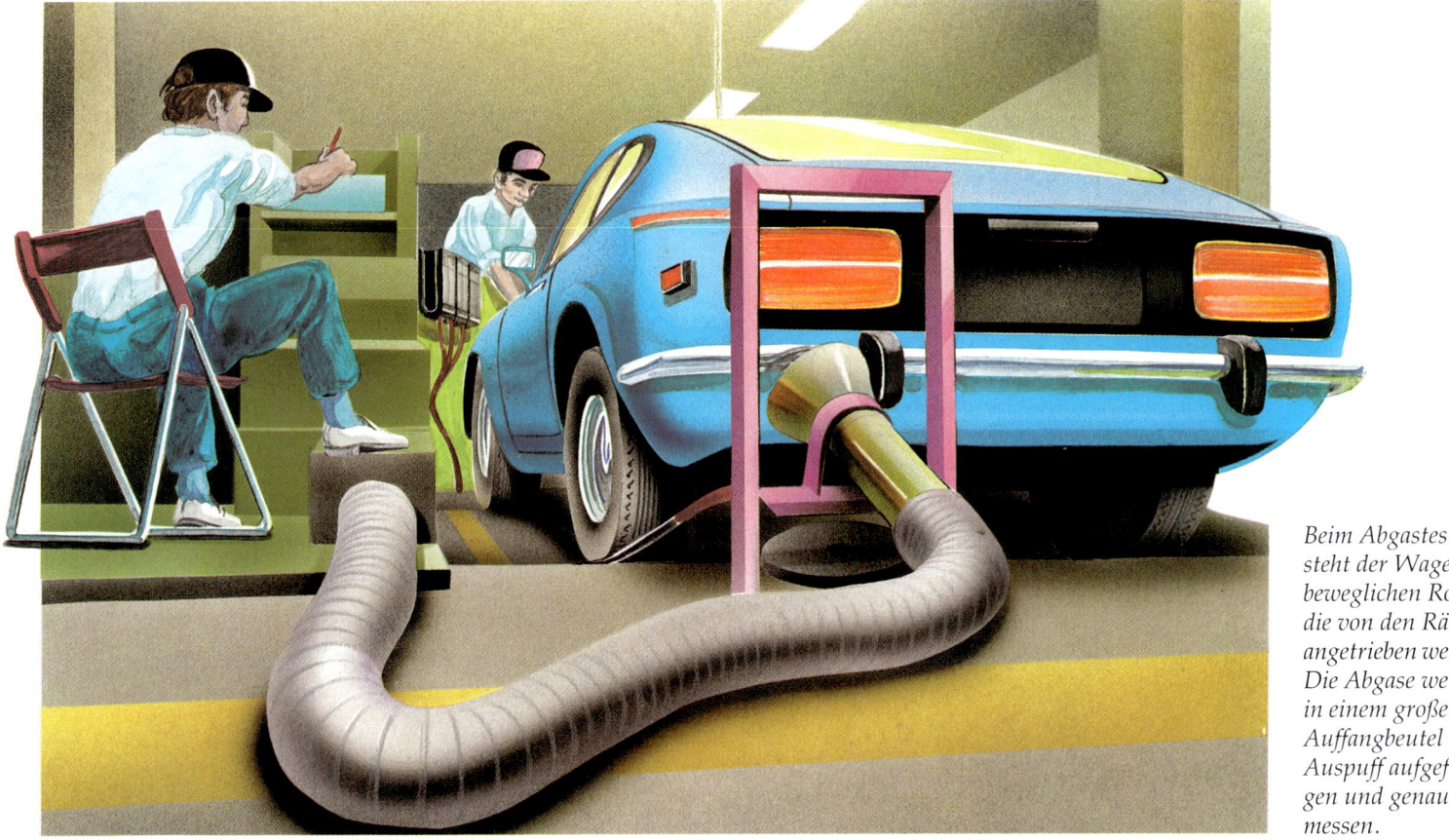

Beim Abgastest steht der Wagen auf beweglichen Rollen, die von den Rädern angetrieben werden. Die Abgase werden in einem großen Auffangbeutel am Auspuff aufgefangen und genau gemessen.

Wozu gibt es Abgasgrenzwerte?

Die Automobilhersteller mußten ihre Autoabgase im Laufe der Jahre immer sauberer machen, weil die Unmengen an Abgasen vielen Menschen im wahrsten Sinne gestunken haben. In *Amerika* gab es durch das große Verkehrsaufkommen viel früher als in Europa verstopfte Städte und Blechlawinen von qualmenden Autos. Schon Ende 1940 war man deshalb in den Vereinigten Staaten bemüht, diese Abgase, unter Fachleuten *Emissionen* genannt, zu begrenzen. *Kalifornien* mit seinen riesigen Städten *Los Angeles* und *San Francisco* war der erste amerikanische Bundesstaat, der bereits im Jahr 1957 spezielle Abgasvorschriften für Fahrzeuge erließ. *Europa* folgte erst 1970.

In den heutigen Vorschriften wird festgelegt, wieviel Gramm der Schadstoffe CO, HC und NO_x ein Auto auf einer bestimmten Teststrecke durch den Auspuff abgeben darf. Die Teststrecke wird dabei auf einem *Rollenprüfstand* nachgefahren, der die Emissionen in großen Auffangbeuteln genau messen kann. Am Rollenprüfstand steht das Fahrzeug fest auf zwei beweglichen Rollen, die von den Rädern des Autos angetrieben werden. Ein *Testzyklus* zur Messung der Schadstoffe im Abgas beinhaltet Fahrten wie in der Stadt mit vielen Beschleunigungsphasen, Leerlauf im Stand und autobahnähnliche Abschnitte.

Seit 1994 müssen in Kalifornien neu zugelassene Autos selbst erkennen können, ob sie durch irgendwelche Fehler am Katalysator, bei der Einspritzung oder an anderen Stellen mehr als die erlaubten Abgase ausstoßen. Ist dies der Fall, soll der Fahrer aufgefordert werden, möglichst bald zur Reparatur die nächste Werkstatt anzufahren.

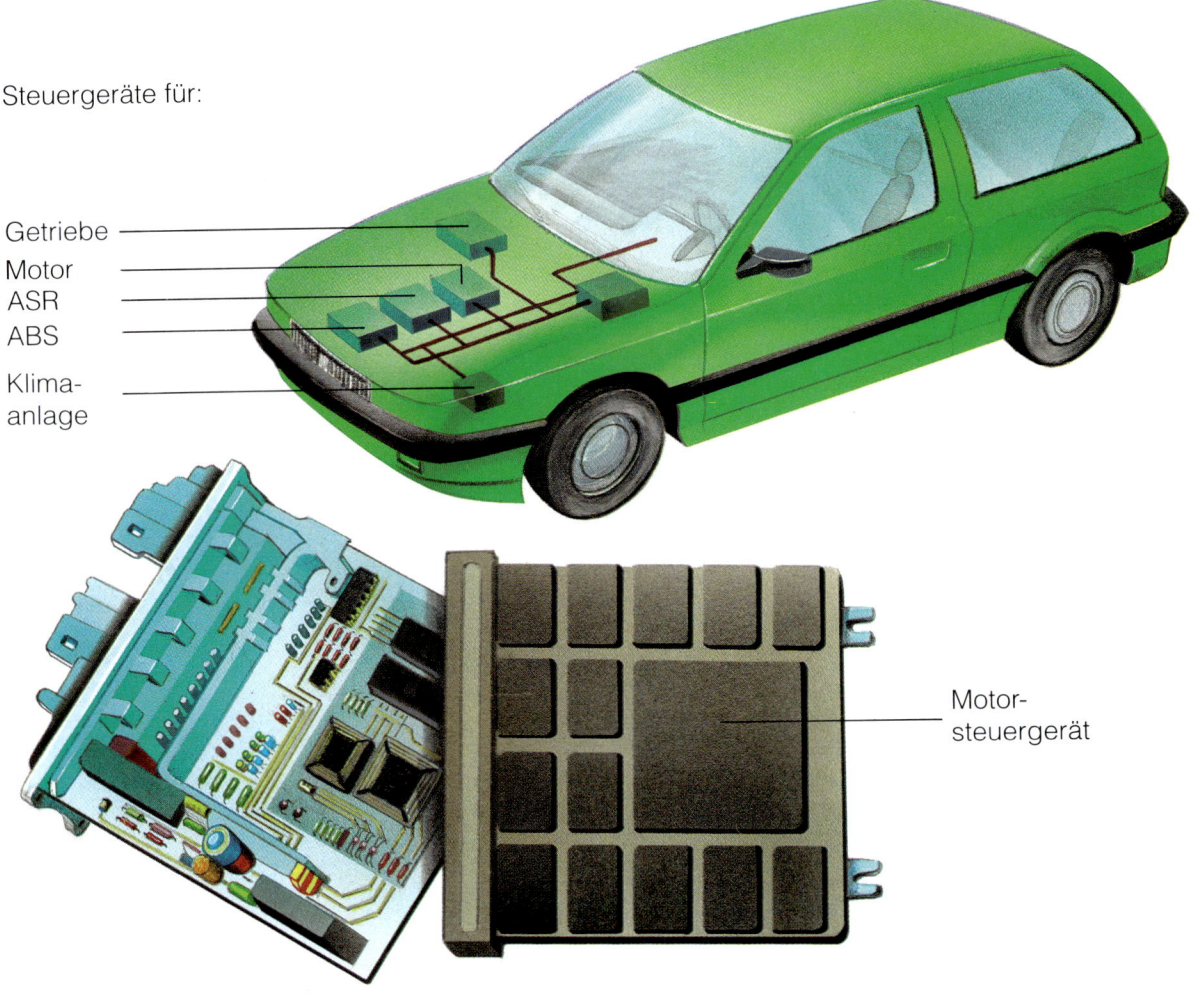

Die Lage der elektronischen Steuergeräte im Auto

Steuergeräte für:

Getriebe
Motor
ASR
ABS

Klima-
anlage

Motor-
steuergerät

Das Motorsteuergerät steckt voll von hochkomplizierter Elektronik.

Wieso ist eine elektronische Einspritzung besser?

In modernen Autos ist sehr viel Elektronik enthalten, um das Autofahren noch sicherer, komfortabler, wirtschaftlicher und umweltfreundlicher zu machen. Gerade die strengen Abgasvorschriften erzwingen hochkomplizierte *Einspritzanlagen,* die nur noch von einer *intelligenten Elektronik* zu beherrschen sind.

Die kleinen Kästen mit den Mikrocomputern überwachen alle wichtigen Dinge im Fahrzeug wie Temperaturen, Motordrehzahl, Geschwindigkeit, Einspritzzeitpunkte, Sauerstoffgehalt im Abgas, Gaspedalstellung, Bremsen und vieles andere mehr.

Viele von diesen elektronischen Steuergeräten greifen auch helfend in das Fahrgeschehen ein. Man braucht eigentlich nur Gas zu geben, zu bremsen und zu lenken, alles andere macht die Elektronik, wie bei einem *Autopiloten* im Flugzeug. Die Elektronik schaltet in die richtigen Gänge, bestimmt den besten Einspritzzeitpunkt für das Gemisch oder den Dieselkraftstoff, paßt auf, daß der Motor nicht überdreht, sorgt für die richtige Leerlaufdrehzahl, verhindert ein Blockieren der Räder beim Bremsvorgang und so weiter. Dadurch können moderne Motoren dank elektronischer Steuerungen hohe Leistungen erbringen, und gleichzeitig erzeugen sie nur wenig Abgase. Damit dieser Zustand über viele Jahre hinweg erhalten bleibt, warnt eine Anzeige im Armaturenbrett den Fahrer frühzeitig, wenn etwas mit seinem Auto nicht in Ordnung ist.

74

Wie arbeitet eine Abgasrückführung?

Eine Verringerung der Stickoxide erreicht man durch niedrigere Verbrennungstemperaturen im Motor. Wenn außerdem weniger frische Luft mit ihrem hohen Stickstoffanteil zur Verfügung steht, können nicht so viele Stickoxide gebildet werden. In der Praxis schickt man einen Teil des entstandenen Abgases einfach wieder vorne in den Zylinder hinein, und fertig ist die *Abgasrückführung*. Natürlich muß man das Abgas noch mit etwas frischer Luft mischen.

Wieviel frische Luft und wieviel Abgase in den Zylinder gelangen dürfen, regelt meist eine Elektronik. Durch die schlechtere Verbrennung, die dafür nicht so heiß ist, verbraucht das Auto etwas mehr Kraftstoff. Die Stickoxidproduktion ist aber durch die Abgasrückführung bis zu einem Drittel geringer.

Werden Autos auch wiederverwertet?

Viele Waren können heutzutage wiederverwertet werden, wenn man sie entsprechend sammelt und aufbereitet. Dieses sogenannte *Recycling-Prinzip* wird seit dem Jahr 1992 auch von den Automobilherstellern angeboten. Immerhin werden jedes Jahr etwa 2,6 Millionen Autos in Deutschland verschrottet. Einige Autotypen sind mit besonderen Kunststoffen ausgestattet, die sich leicht wieder einschmelzen lassen und deshalb ohne großen Aufwand wiederverwertet werden können.

Eine Menge an Metallteilen läßt sich aus den schrottreifen Autos ausbauen und ebenfalls für andere Zwecke einsetzen. Nebenbei lassen sich einige Stoffe zur Nutzung von Energie einsetzen, beispielsweise alte Reifen, die in Kraftwerken verheizt werden können.

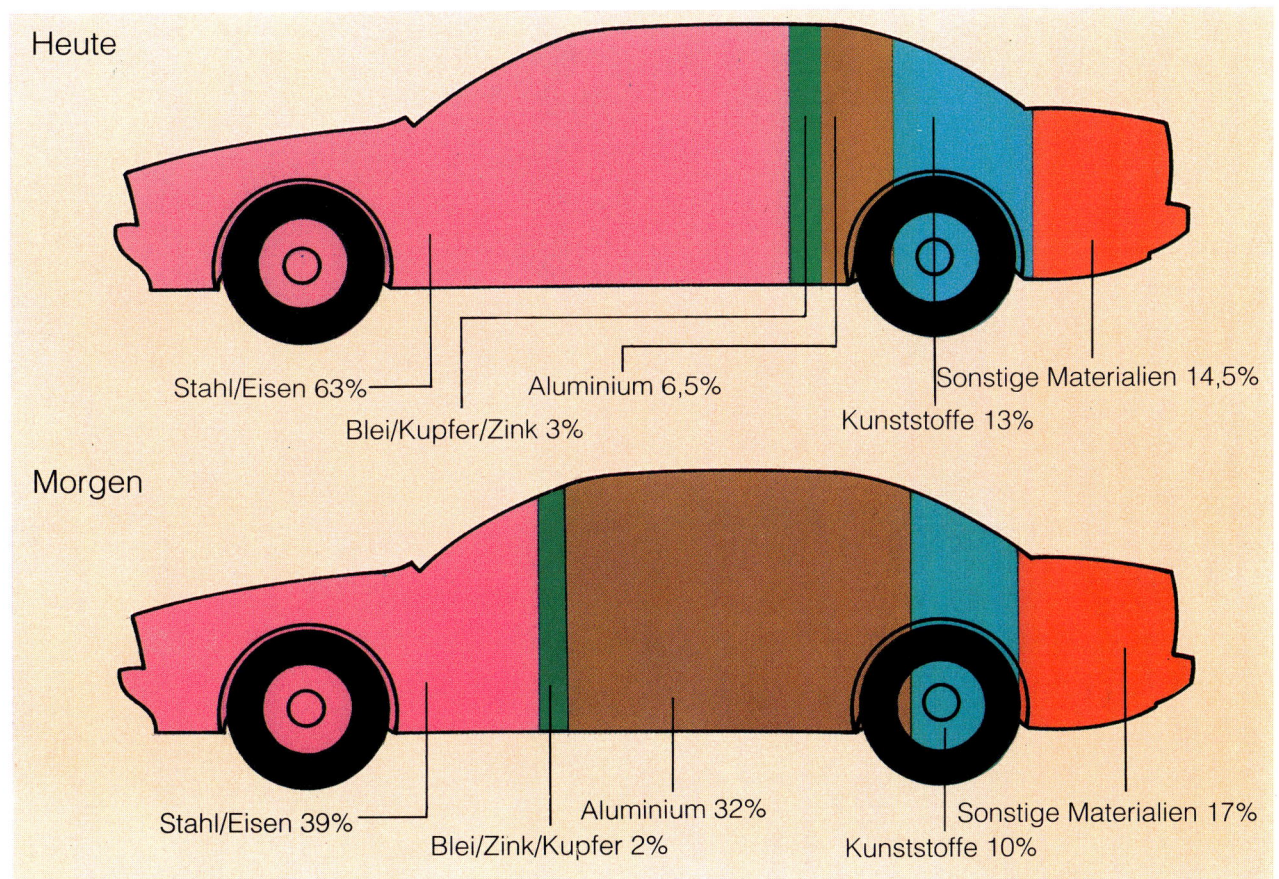

Heute

Stahl/Eisen 63%

Blei/Kupfer/Zink 3%

Aluminium 6,5%

Kunststoffe 13%

Sonstige Materialien 14,5%

Morgen

Stahl/Eisen 39%

Blei/Zink/Kupfer 2%

Aluminium 32%

Kunststoffe 10%

Sonstige Materialien 17%

Die Bestandteile eines Autos heute (oben) und morgen (unten); der enorme Zuwachs an Aluminium entsteht dadurch, daß zukünftig viele Autos eine Aluminiumkarosserie haben werden.

Die Zukunft des Autos

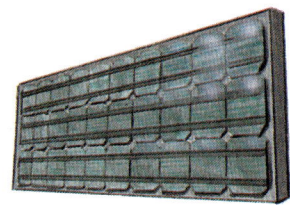

Kann ein Bauer Kraftstoff herstellen?

Ein Verbrennungsmotor braucht für seine Arbeit einen brennbaren Kraftstoff, der viel Energie enthält. Bisher sind die preiswertesten Kraftstoffe Benzin und Diesel. Sie werden aus jahrtausendealten Erdölvorkommen gewonnen und sind nur noch begrenzte Zeit verfügbar. Spätestens seit der Erdölkrise in den siebziger Jahren schaut man sich intensiv nach anderen, alternativen Kraftstoffen um.

Alkohol ist dabei ein guter Ersatz, wobei der Chemiker diesen speziellen Alkohol als *Äthanol* bezeichnet. Der Brennwert von Äthanol ist um ein Drittel schlechter als der von Benzin, man hat also eine geringere Reichweite bei gleichem Tankvolumen. Doch dafür läßt sich der Alkohol recht einfach durch Vergärung von Zuckerrohr, Zuckerrüben, Mais und anderen Feldfrüchten herstellen. Man benötigt aber riesige Ackerflächen, um den Benzinbedarf eines Landes damit zu decken. Die notwendige Düngung für die anzu-

pflanzende „Biomasse" schädigt außerdem den Boden sehr stark.

Weltweit laufen Versuche, auch aus anderen Pflanzen Kraftstoffe zu gewinnen, so zum Beispiel aus Rapsöl oder aus Schilfgras. Auch das Gas *Methan* kann aus Pflanzen hergestellt werden und als Kraftstoff dienen.

Ein sehr umweltfreundliches Gas ist das *Biogas*. Die übelriechende Gülle von Rindern, Schweinen und anderem Vieh wird von Bakterien in einem luftdichten Behälter in Gas umgewandelt. Das Biogas besteht hauptsächlich aus Methan und Kohlendioxid. Der Brennwert ist vergleichbar mit Alkohol als Kraftstoff. Bei der Verbrennung von Biogas entsteht fast nur Wasser und Kohlendioxid. Das entstandene Kohlendioxid wird von den Pflanzen aus der Luft entnommen, um wachsen zu können. Werden diese Pflanzen vom Vieh gefressen und als Gülle wieder ausgeschieden, kann daraus in einem umweltfreundlichen Kreislauf erneut Biogas gewonnen werden.

Der Brennwertvergleich zeigt, daß Wasserstoff weitaus am ergiebigsten ist. Die Maßeinheit für den Brennwert ist Kilojoule pro Kilogramm (kJ/kg).

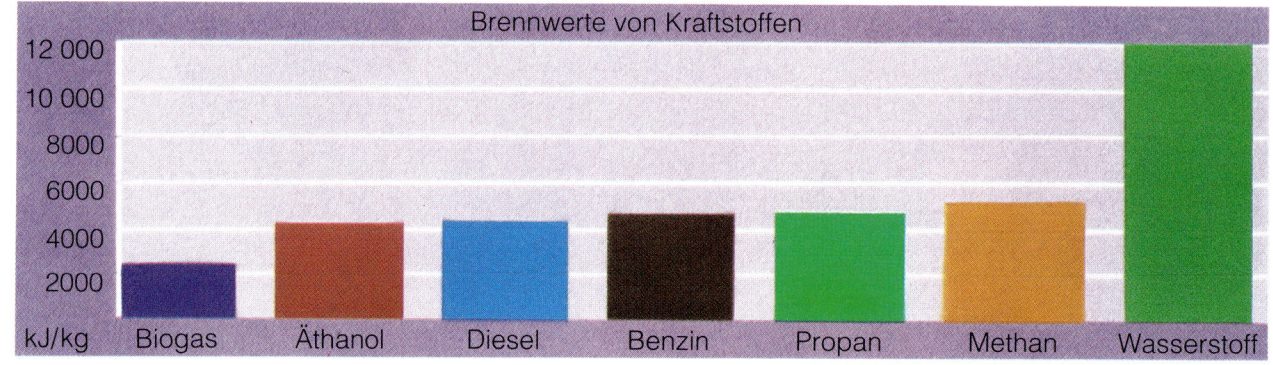

72

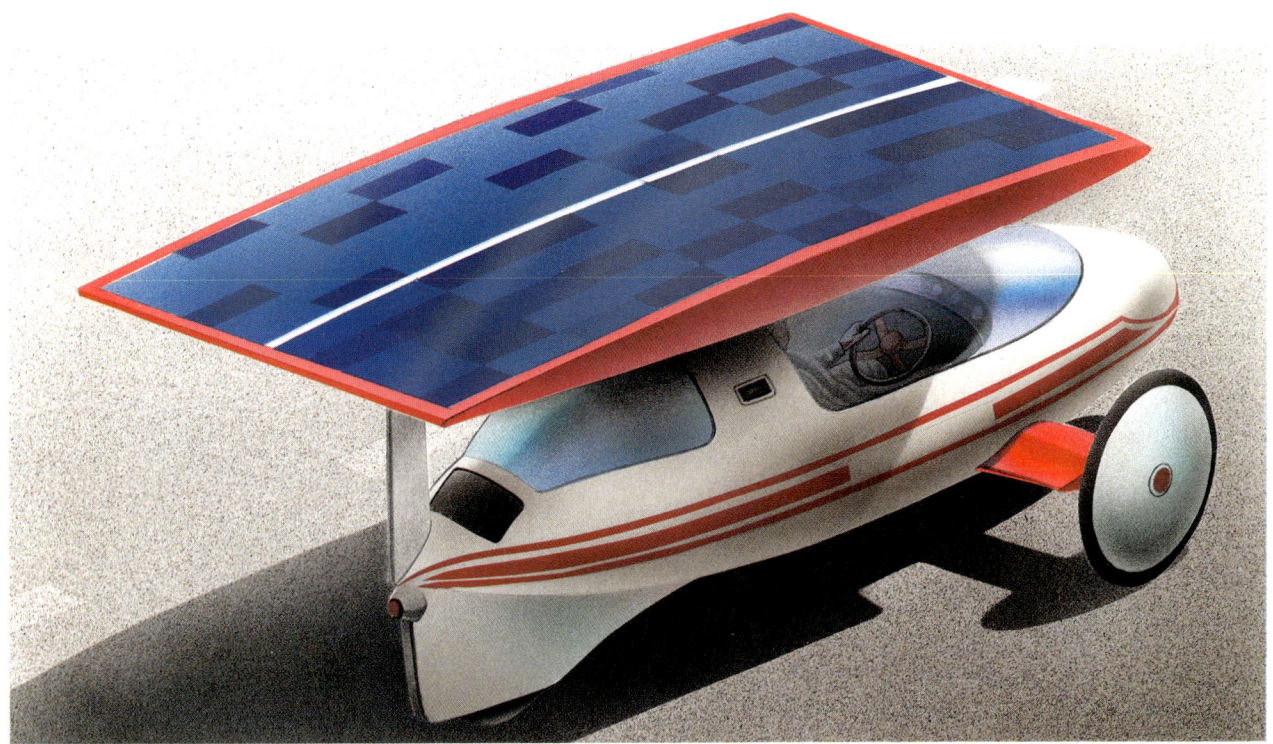

Das Solarzellenauto hat seinen „Tank" auf dem Dach.

Was ist Autogas?

Viele Gase brennen bekanntlich sehr gut und sind ausgezeichnet zum Antrieb von Verbrennungsmotoren geeignet. *Autogas* ist eine Mischung aus 95 % *Propan* und etwas *Propen* und *Butan*. Abhängig von Druck und Temperatur lassen sich diese Gase sehr leicht verflüssigen, man nennt sie deshalb Flüssiggase. Autogas wird bei 20° C schon ab einem Druck von 8 bar flüssig. In flüssiger Form benötigt das Autogas weniger Raum und läßt sich leichter transportieren. Die Verbrennung von Flüssiggas ist leiser, ruhiger und sauberer als die von flüssigem Benzin. Normale Ottomotoren können nach kleinen Veränderungen problemlos mit Flüssiggas betankt werden. Der Motor hält bei dauerndem Flüssiggasbetrieb viel länger als bei Benzinbetrieb.

Weltweit fahren über eine Million Fahrzeuge mit Autogas. Leider gibt es in Deutschland an kaum einer Tankstelle Flüssiggas, so daß nur wenige Mutige auf diesen Kraftstoff umsteigen.

Was tankt ein Elektroauto?

Das *Elektroauto* fährt mit Strom und hat keinen Verbrennungsmotor. Es ist leise, sauber und abgasfrei. Der Elektromotor bekommt die Energie aus einer Batterie. Sie muß sehr groß sein, damit der Motor kräftig genug ist, ein über 1000 kg schweres Auto zu bewegen.

Obwohl Elektroautos große und schwere Batterien besitzen, ist deren Energie nach 50 bis 100 km meist erschöpft. Das Auto muß an eine Steckdose zum Nachladen. Der Strom zum Laden muß aber auch erzeugt werden. Die Kohlekraftwerke, in denen dies zum größten Teil passiert, produzieren dabei eine Menge Abgase. Wir verschmutzen also nicht direkt beim Fahren unsere Luft, dafür später beim Aufladen der Batterie. Dies ist mit ein Grund, warum es nicht so viele Elektroautos gibt. Doch auch die Batterie ist teuer und noch viel zu schwer. Vielleicht kann man in einigen Jahren kleinere Batterien herstellen, die dann mit *Solarstrom* von der Sonne aufgeladen werden.

Hybridauto von Opel mit Wechselmotor

So funktioniert ein Hybridantrieb

Ein *Hybridantrieb* besteht aus zwei Motoren, die abwechselnd für ein Vorwärtskommen sorgen. Der eine Motor ist ein *Elektromotor,* der andere meist ein *Dieselmotor.* Fährt man weite Strecken, schaltet man den sparsamen Dieselmotor ein. Bewegt man sich mit dem Auto im dichten Stadtverkehr, übernimmt der Elektromotor und hält dabei gleichzeitig die Stadtluft sauber. Sinnvoll wird das Ganze wohl nur für größere Autos bleiben, denn in einen Kleinwagen passen heute zwei Motoren kaum noch hinein.

Wird Wasserstoff der Kraftstoff der Zukunft sein?

Wasserstoff ist ein leicht entzündbarer Kraftstoff, der sehr umweltfreundlich und energiereich ist: Schon 1970 konnte ein Versuchsfahrzeug mit nur 453 g Wasserstoff eine Strecke von 35,4 km zurücklegen (mit einem Liter Benzin wäre man nur 21,7 km weit gekommen). Bei der Verbrennung von Wasserstoff (chemisches Zeichen H_2) entsteht nur reines Wasser (H_2O) oder Wasserdampf. Hergestellt wird Wasserstoff am umweltfreundlichsten aus Wasser. Nachteilig ist dabei allerdings der hohe Strombedarf, der für die *Elektrolyse* (die Umwandlung von Wasser in Wasserstoff durch Strom) notwendig ist. Umweltfreundlich kann Strom in großen Sonnenkraftwerken erzeugt werden. Die Sonnenstrahlung wird entweder direkt in Strom umgewandelt (*Photovoltaik*) oder von Spiegeln zur Erhitzung von Wasser gebündelt, wie bei einem Brennglas. Denkbar ist auch die Nutzung von zuviel produziertem Strom zur Wasserstofferzeugung.

Wasserstoff kann in Motoren mit leicht verändertem Vergaser verbrannt werden. Für den Transport von Wasserstoff im Auto müssen noch Lösungen entwickelt werden. Am gefährlichsten ist die Speicherung in Gasflaschen unter enormem Druck von 200 bar. Weit ungefährlicher ist der Transport von festem Wasserstoff als *Metallhydrid.* 1 kg Metallhydrid kann aber nur 10 g H_2 speichern. Eine flüssige Betankung von H_2 – ähnlich wie Benzin – kann in Form von Stickstoffverbindungen erfolgen. Beim Verbrennen entsteht zusätzlich harmloser Stickstoff. Ein Transport von reinem flüssigen Wasserstoff (LH_2) ist nur mit Lastwagen denkbar, da dafür sehr tiefe Temperaturen ($-253°$ C) notwendig sind.

Wann werden Autos selbständig fahren können?

Schon heute können Autos mit einer *Geschwindigkeitsregelanlage,* ohne den Fuß des Fahrers, eine bestimmte Geschwindigkeit einhalten. Die Mikroelektronik steuert die Kraftstoffmenge und beschleunigt auch auf Wunsch automatisch auf die gewünschte Geschwindigkeit.

In Zukunft werden diese Systeme zusätzlich mit *Abstandswarnern* verbunden sein, die bei Autobahnfahrten automatisch das Auto abbremsen können, wenn zum Vordermann zu wenig Abstand besteht. Der Fahrer muß dann nur noch lenken und schauen, wo er hin muß. Auch für die Orientierung und Wegweisung gibt es moderne Systeme, die dem Fahrer in seinem Sichtfeld anzeigen können, ob er an der nächsten Autobahnausfahrt abbiegen muß oder wo sich Gefahrenstellen befinden.

Diese Anzeigetechnik, das sogenannte *Head-Up-Display,* vermeidet das ewige Suchen nach den richtigen Instrumenten im Armaturenbrett, dem Cockpit, und sie erleichtert die Zielsuche. Man gibt vorher ein, wo man hin möchte, der Bordcomputer erhält über Radio- oder Satellitenwellen ständig die aktuelle Fahrzeugposition, und anhand einer abgespeicherten Straßenkarte zeigt der Computer durch das Head-Up-Display die neue Richtung im Blickfeld des Fahrers direkt in der Windschutzscheibe an. Auch Umleitungen bei plötzlichen Staus könnten dann sofort angezeigt werden.

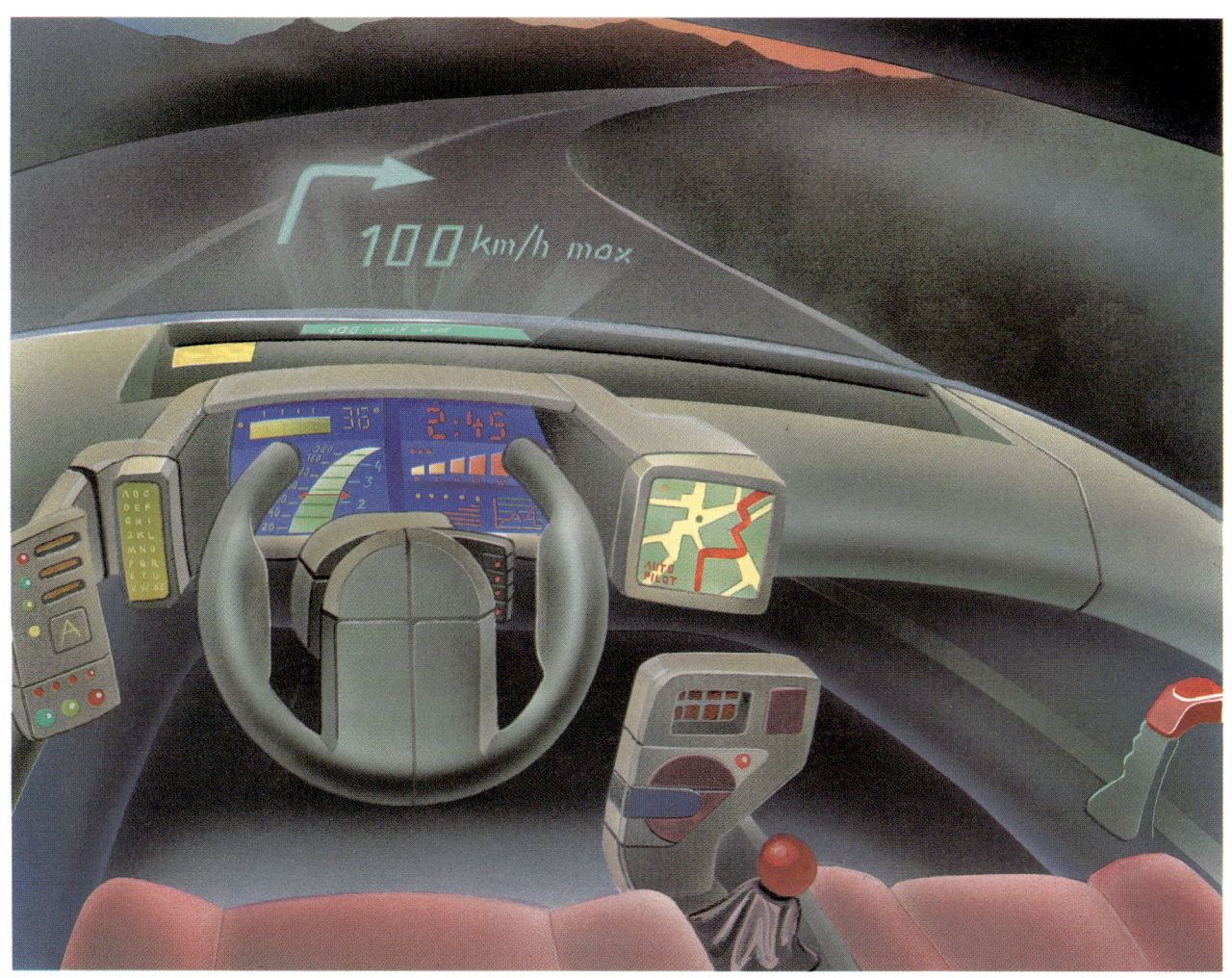

Blick in ein Auto der Zukunft mit einem Head-Up-Display im Cockpit

Muß man in Zukunft überhaupt noch lenken?

Bei den bisher genannten Systemen muß der Fahrer immer noch mit Hilfe seiner Augen und Hände das Auto selbst lenken. Das europäische Forschungsprogramm *Prometheus* versucht, durch eine spezielle Kamera die Augen des Fahrers nachzubilden und die Informationen für eine automatische Lenkung des Fahrzeugs zu nutzen. Die Kamera tastet einen Bereich von fünf bis 25 Metern vor dem fahrenden Fahrzeug ab, und sehr schnelle Mikrocomputer versuchen, daraus die Fahrbahnmarkierungen zu erkennen. Kann der Verlauf der Straße anhand der Markierung des rechten Straßenrandes vorausberechnet werden, folgt das Auto der Randmarkierung wie an einer Schnur. Bei einer Kurve erhält die Lenkung rechtzeitig die Anweisung zum Einschlagen der Räder in die richtige Richtung.

Die Geräte, die für diese Versuchsanordnung nötig sind, unter anderem drei mannshohe Elektronikschränke, passen allerdings nur in einen mittelgroßen Lkw-Kastenwagen, wenn man sie bei den Testfahrten komplett befördern will.

Bisher kann man mit diesem System auf Teststrecken über 100 km/h schnell fahren, ohne als Fahrer selbst eingreifen zu müssen. Vielleicht gibt man in naher Zukunft nur noch sein Ziel ein, und sobald man auf der Autobahn ist, kann man in Ruhe ein Nickerchen machen. Bis es soweit ist, sollte der Fahrer aber immer schön wach bleiben.

Das könnte einmal Alltag sein: Zeitunglesen bei der Autofahrt in die Stadt.

Studie des amerika-nischen Autoher-stellers Chrysler für ein neuartiges Stadtauto

Wie wird das Auto der Zukunft aussehen?

Das Auto der Zukunft wird viel leichter sein als heutige Autos. Nur so können Verbrauch und Abgase weiter gesenkt werden. Leichtere Autos brauchen auch nicht so starke Motoren und können dadurch preiswerter sein. Neue Werkstoffe aus Keramik, glasfaserverstärkten Kunststoffen oder Titan werden den Stahl für Motor und Getriebe ersetzen. Die Karosserie wird aus leichtem Kunststoff oder aus Aluminium sein. Schon heute werden einige Fahrzeuge aus Aluminium hergestellt. Diese Stoffe können zudem nicht mehr rosten und sind leicht wiederverwertbar. Ohne Wiederverwertung wäre die Herstellung zu teuer und zu umweltbelastend.

Mit den neuen Werkstoffen lassen sich viele neue Karosserieformen herstellen. Dabei können lustige Formen entstehen mit Fenstern wie Augen und einem lachenden Mund. Für die Stadt wird die Zukunft kleine Miniautos anbieten, die sich ideal zum Einkaufen eignen und leicht einzuparken sind. In Amerika wird schon an den Spaßautos von morgen gebaut, die die praktischen, aber oft langweiligen Autos von heute ablösen sollen.

Neue Autos werden zunehmend leiser werden, damit der Autolärm die Menschen nicht mehr stört. Leichtere Motoren, bessere Schallkapselung nach außen und neue Reifen tragen zu einer Senkung des Lärmpegels für Fußgänger und Anwohner bei. Der Lärm im Fahrzeuginnenraum wird in Zukunft aktiv durch Gegenschall vermindert. In diesem besonderen Fall erzeugt mehr Lärm nicht noch mehr Lärm, sondern löscht den ursprünglichen Lärm aus. Eine komplizierte Elektronik muß dazu über ein Mikrofon erkennen, welche Schallwellen gerade vorhanden sind und dann den entsprechenden Gegenschall über mehrere Lautsprecher abstrahlen. Bei einfachen Systemen kann man dafür sogar die Lautsprecher des Autoradios verwenden, auch wenn man gerade Musik hört.

81

Register

FRAG MICH WAS

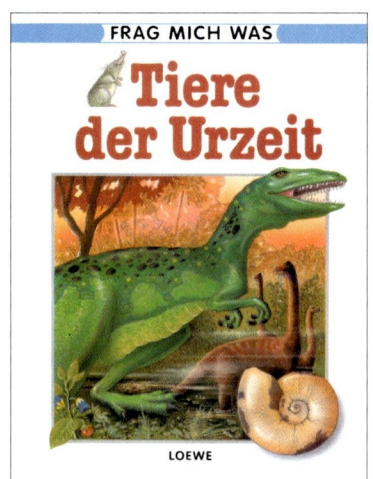

Band 1

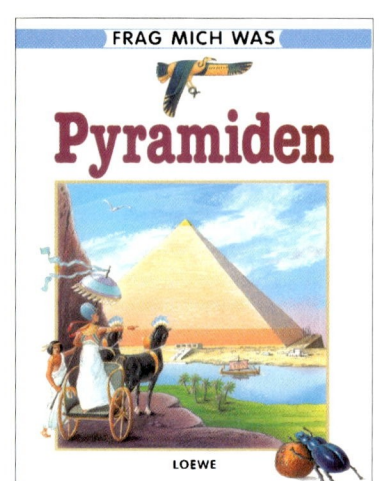

Band 2

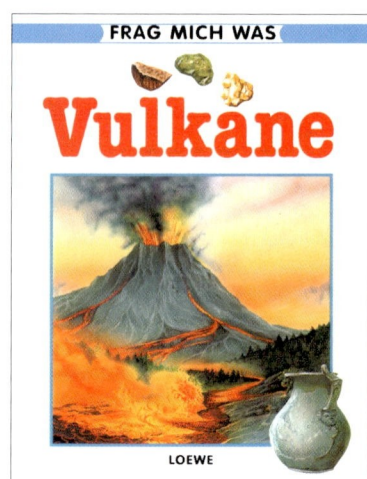

Band 3

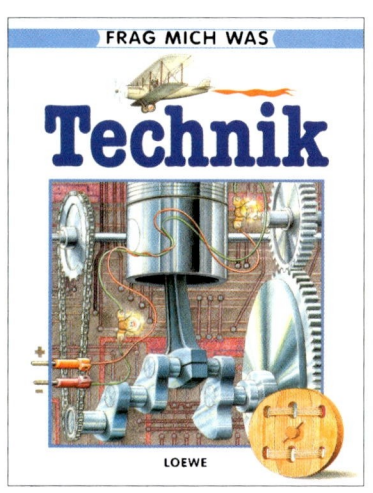

Band 4

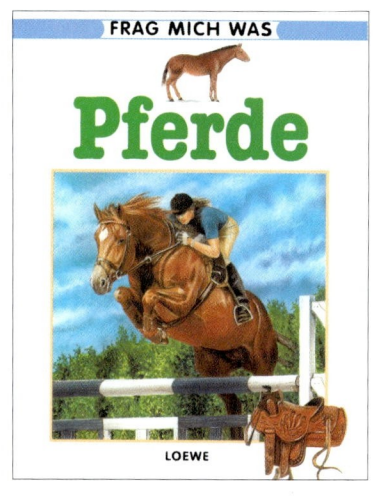

Band 5

Band 6

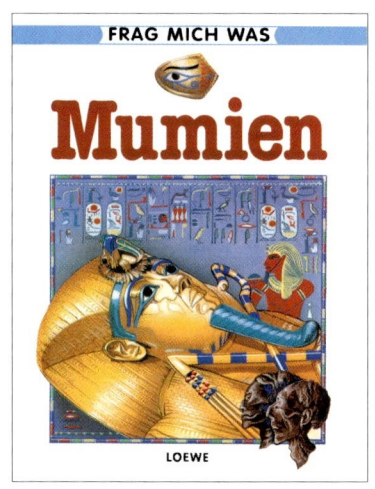

Band 7

Band 8

Band 9

FRAG MICH WAS

FRAG MICH WAS
Die Erde

LOEWE

Band 10

FRAG MICH WAS
Urmenschen

LOEWE

Band 11

FRAG MICH WAS
Planeten und Raumfahrt

LOEWE

Band 12

FRAG MICH WAS
Entdecker
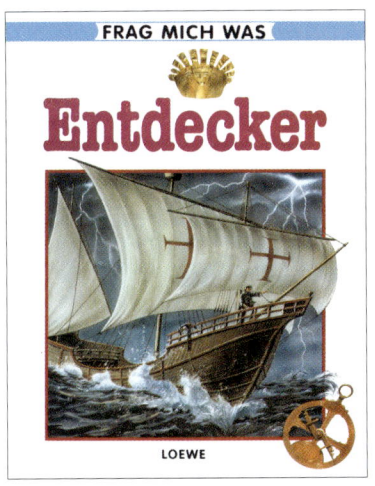
LOEWE

Band 13

FRAG MICH WAS
Das alte Rom

LOEWE

Band 14

FRAG MICH WAS
Höhlen

LOEWE

Band 15

FRAG MICH WAS
Fliegerei

LOEWE

Band 16

FRAG MICH WAS
Die Sieben Weltwunder

LOEWE

Band 17

FRAG MICH WAS
Autos

LOEWE

Band 18